子どもの心によりそう 保育内容総論 改訂版

佐藤哲也 =編

渡辺一弘
石田貴子
布村志保
赤木公子
片岡元子
米野吉則
和田真由美
米川泉子
高畑芳美
梅野和人
佐野友恵
廣　陽子
小坂　徹
井藤　元
髙宮正貴
鈴木昌世

福村出版

JCOPY 〈出版者著作権管理機構 委託出版物〉

本書の無断複写は著作権法上での例外を除き禁じられています。複写される場合は，そのつど事前に，出版者著作権管理機構（電話 03-5244-5088，FAX 03-5244-5089, e-mail: info@jcopy.or.jp）の許諾を得てください。

まえがき

耐えがたきを耐え／忍びがたきを忍び／許しがたきを許し／あたたかい太陽を思わせるやさしい言葉／冬のきびしい寒さにも値する愛情ある助言／慈しみの雨のように涙を流して共感する／なごやかな風を思わせる雰囲気／それが母の心

　青森を中心に活躍された福祉活動家・教育家であった佐藤初女さんの詩です。本書初版編者であった鈴木昌世さんは次のように述べていました。「自分の弱さを自覚している人は，幸せな人です。弱さを自覚し，支えられている自分を知っている人は，連帯し，協調し，絆を大切にする人になれます。そうした人間同士の，目には見えないが確かに存在するもの──絆──を大切にしてほしいと願っています。子どもは『母の心をもつ大人』に支えられ，強く育っていく存在です。保育の基本は『母の心』。佐藤初女氏の詩は保育者のあるべき姿を教えてくれています。」

　佐藤初女さんも鈴木昌世さんも，一昨年，天に帰られました。おふたりが残したメッセージを深く心に刻みつけながら，今日1日を懸命に暮らし，未来に向かって育ちゆく子ども1人ひとりを大切にしていきたいものです。そうした想いとともに，『子どもの心によりそう 保育内容総論』改訂版をお届けします。

　初版出版以降，2014年の幼保連携型認定こども園教育・保育要領の告示，2015年の子ども・子育て支援新制度の実施，2017年の幼稚園教育要領，保育所保育指針，幼保連携型認定こども園教育・保育要領の改訂（定）など，保育をめぐってさまざまな動きがありました。こうした動向を踏まえつつ，本書では保育者養成校の半期科目に対応させながら，内容の充実を図りました。学術用語の解説や実践事例を数多く盛り込み，最新情報にも目配りをしました。保育研究・保育実践・保育者養成に深くかかわる執筆陣は，保育の道に進もうとする若き学生たちに勇気や希望を与えたいと願い，心を込めて執筆いたしました。

　読者が本書を通じて多くのことを学び，保育実践を支える豊かな教養，知性と感性，使命感を養ってくださることを期待しています。太陽がこの世を照らすように，「母の心」，母性愛がすべての子ども，子どもを取り巻く大人たちを包み，平和をつくり出すように。

編　者

目 次

まえがき 3

1 章 保育内容と保育の基本——幼稚園教育要領，保育所保育指針，幼保連携型認定こども園教育・保育要領 …………………………… 7

1 保育内容 7
2 幼稚園教育要領における幼稚園教育の基本と教育課程の役割と編成 11
3 保育所保育指針における保育所保育の基本と保育の内容 13
4 幼保連携型認定こども園教育・保育要領における幼保連携型認定こども園の教育・保育の基本と保育の内容 17
5 保育内容の全体構造 19

2 章 保育内容の歴史的変遷 ………………………………………… 22

1 はじめに 22
2 明治・大正期の保育内容 22
3 昭和の保育内容 25
4 平成の保育内容 28
5 教育基本法の改正後の保育内容 31

3 章 子どもの発達の特性と保育内容 ……………………………… 36

1 「発達」のとらえ方 36
2 子どもの発達の特性 40
3 子どもの発達と保育内容 45

4 章 個と集団の発達と保育内容 …………………………………… 50

1 乳児期からの発達と保育内容 50
2 幼児期の発達と保育内容 53
3 1人ひとりが育つ　みんなが育つ　個の確立と豊かな人間関係 58
4 多様な個性を楽しめるクラス経営　温かな雰囲気づくり 69

5 章 保育における観察と記録 ……………………………………… 74

1 子どもを見る 74
2 距離を変えて見る 78
3 PDCA サイクル——明日へ繋ぐ保育実践 82
4 保育者である私自身を見る——未来へ繋がる保育のために 84

目　次

6章　養護と教育が一体的に展開する保育 ……………………………… 88

1 保育とは——養護と教育が一体的にされること　88
2 「養護」と「教育」　90
3 保育園，幼稚園と保育ニーズ　95
4 事例から見る養護と教育の一体的な保育　97

7章　環境を通して行う保育 …………………………………………… 101

1 発達を促す環境　101
2 母性的なかかわりのうちに育つ子ども　105
3 遊び場面における環境の構成　108
4 科学する心を育む保育の展開　110

8章　遊びによる総合的な保育 ………………………………………… 114

1 遊びとは……　114
2 母性的な保育者の見守りのうちに展開される保育　116
3 遊びを通して子どもが育むもの　118
4 遊びの現代的課題　120

9章　生活や発達の連続性に考慮した保育 …………………………… 124

1 人間形成の土台となる乳幼児期　124
2 子どもの発達に目を向ける　126
3 子どもの24時間の一部としての保育時間を考える　131
4 遊びと生活を共にするなかでの育ち合い　132

10章　家庭，地域，小学校との連携を踏まえた保育 ………………… 136

1 家庭と幼稚園，保育所の連携　136
2 地域と家庭との連携　143
3 地域の教育機関と専門機関との連携　148

11章　乳児保育 ………………………………………………………… 152

1 現代社会における乳児保育　152
2 保育所における乳児保育　155
3 養護と教育が一体となった保育　156
4 乳児保育に携わる保育者　161

5

12章　長時間保育と保育の現代的な課題 ································ 165

- ① 長時間保育の現状　165
- ② 長時間保育と健康課題　169
- ③ 家庭環境と保育の現状　172
- ④ 子どもを取り巻く「食」環境　173

13章　特別な支援を必要とする子どもの保育 ···················· 176

- ① 特別な支援を必要とする子どもとは　176
- ② 発達障害や気になる子どもについて　177
- ③ 保育現場で直面する問題への理解と対応　180

14章　多文化共生の保育，いのちを大切にする心を育む保育 ········· 192

- ① 子どもの人権──コルチャック先生の遺言　192
- ② 差異をありのままに──Tolerance な心を育てる　195
- ③ いのちを繋げる──未来への責任としての保育　197
- ④ 保育の基礎にある母性と愛　199

終章　Eternal Beauty──朽ちることのない美 ······················ 206

- ① "I am not like the others. That's why I am happy."
  ──違うからこそ幸せ　208
- ② For others, with others.──他者の望みに応える人になる　209

索　引　214

1章 保育内容と保育の基本
——幼稚園教育要領，保育所保育指針，幼保連携型認定こども園教育・保育要領

1 保育内容

■保育内容とは

　保育内容とは何だろう。保育所での保育活動の内容だろうか。それとも，幼稚園での活動内容も含むのだろうか。また，その活動内容は，どの程度までを含むのだろうか。

　保育内容とは，幼稚園や保育所，認定こども園において展開される，子どもたちの経験や活動の全体を表す言葉である。一般に，「幼稚園は教育を行うところ」という認識もあるが，幼稚園での子どもたちの経験や活動も，保育所と同様に含まれる。幼稚園が規定された，1947（昭和22）年に制定された学校教育法においても，「保育内容」という言葉が使われている ➡1。

　保育内容は，具体的には，砂遊び・お店屋さんごっこなどの「遊び」と称されるもの，あるいは飼育・栽培・当番などの「生活活動」，これら以外に，お誕生会や発表会，遠足などの行事も指す。つまり，保育の目標を達成するために展開される，さまざまな事柄と言っていいだろう。

　さらに，広い意味で考えるならば，保育における環境や，子どもたちが学ぶ知識や技術，保育者の方法や技術，保育における計画も保育内容ととらえられよう。

　また，保育内容は，保育者の保育目標や保育観・子ども観にも影響されるものである。

➡1　学校教育法において，「保育内容」という言葉が，初めて公式に用いられた。

たとえば，子どもたちの主体性を重視して，自由でのびのびとした保育を目指す保育者と，子どもたちの発達段階を考慮して，系統的な保育を目指す保育者とでは，当然，その保育内容も異なってくるものである。

■保育の基本

　それでは，保育内容における保育の基本とは，何だろう。それは，当然のことであるが，子どもを中心に考えるということである。この「子どもを中心に考える」ということは，逆に大人の視点，大人の基準だけで判断しない，ということも含まれているのである。「子どもを中心に考える」には，具体的には，主に以下の4点を配慮する必要があるだろう。

　①子どもの安全性，②子どもの権利，③子どもの人格形成，④子どもの個人差

　まず①については，保育において，子どもの心と身体の安全を確保することが最優先である，ということである。このことは，単に安全な環境を保ち，危険から身を守る，ということだけではなく，食事や睡眠なども含めた，保育活動全般に関係することであると言える。

　②については，1989（平成元）年11月に国連総会で採択され，1990（平成2）年2月に発効した，児童の権利に関する条約（子どもの権利条約）➡2において，「子どもの最善の利益」という基本原理が示されている。保育は，この「子どもの最善の利益」を求めるものでなければならない。

➡2　日本は1994（平成6）年に同条約を批准した。

　③については，就学前の子どもたちにとって，幼稚園や保育所，認定こども園での保育は，その後の小学校や中学校，そして社会人に至るまでの，生涯を通しての「人格形成の土台を培う」重要な時期である。保育は，この「人格形成の土台を培う」ということを十分認識しなければならない。

④については，保育において，子どもの個人差，すなわち1人ひとりの子どもの違いを配慮する必要がある。この子どもの違いは，発達の違い，経験の違い，環境の違い，親の子育ての違いなどさまざまであるが，1人ひとりの子どもの違いを意識することは，保育において重要なことである。

■幼稚園教育要領と保育所保育指針と
幼保連携型認定こども園教育・保育要領

幼稚園教育要領と保育所保育指針と幼保連携型認定こども園教育・保育要領は，簡単に言うと，それぞれ幼稚園，保育所，幼保連携型認定こども園で行う保育内容の基準や手引きのようなものである。

幼稚園における保育内容は，幼稚園教育要領において，主として「ねらい及び内容」として説明している。「幼稚園教育要領」は，1956（昭和31）年に刊行された，幼稚園が従わなければならない保育内容に関する基準で，文部省（現文部科学省）告示として法的拘束力を有するものである。幼稚園教育要領では，幼稚園教育の目標を達成するための保育内容を，幼児の発達の側面から，「健康」「社会」「自然」「言語」「音楽リズム」「絵画製作」の6つの領域に分けて示した。

その後，1989（平成元）年に改訂された幼稚園教育要領では，従来の6領域から，「健康」「人間関係」「環境」「言葉」「表現」の5領域へ変更された。最新の，2017（平成29）年に改訂された幼稚園教育要領でも5領域である。

この5領域は，具体的には以下の内容になっている。

「健康」：健康な心と体を育て，自ら健康で安全な生活をつくり出す力を養う。

「人間関係」：他の人々と親しみ，支え合って生活するために，自立心を育て，人と関わる力を養う。

「環境」：周囲の様々な環境に好奇心や探求心をもって関わり，それ

らを生活に取り入れていこうとする力を養う。

「言葉」：経験したことや考えたことなどを自分なりの言葉で表現し，相手の話す言葉を聞こうとする意欲や態度を育て，言葉に対する感覚や言葉で表現する力を養う。

「表現」：感じたことや考えたことを自分なりに表現することを通して，豊かな感性や表現する力を養い，創造性を豊かにする。

これら5領域は，「小学校の教科のようにそれぞれが独立している区分ではなく，幼児期の発達をみる5つの視点である」と考えた方がいいだろう。

これに対して，保育所における保育内容は，保育所保育指針において，主として「保育の内容」として説明している。「保育所保育指針」は，1965（昭和40）年に刊行され，厚生省（現厚生労働省）より「通知」された。保育所保育指針では，「養護と教育とが一体となって豊かな人間性をもった子どもを育成する」ことを「保育所における保育の基本的性格」とした。

保育所保育指針においても，当初，幼稚園教育要領と同様の6領域から，1990（平成2）年に改定された保育所保育指針で同じく5領域となり，最新の，2017（平成29）年に改定された保育所保育指針においても5領域である。

幼稚園教育要領も保育所保育指針も，時代背景に応じてだいたい10年くらいのスパンで改訂（定）されている。その際，改訂（定）は，保育所保育指針が幼稚園教育要領に1年遅れている場合が多い。

幼保連携型認定こども園教育・保育要領においても，当然，5領域の内容は同じである。

幼稚園教育要領と保育所保育指針と幼保連携型認定こども園教育・保育要領の内容の詳細については，次の第2節，第3節，第4節で説明する。

1章　保育内容と保育の基本

2 幼稚園教育要領における幼稚園教育の基本と教育課程の役割と編成

■幼稚園教育の基本

　幼稚園は，1947（昭和22）年に制定された学校教育法第1条 ▶3 において，「学校」と規定されている。

　幼稚園教育要領は，学校教育法第77条（2007（平成19）年改正の現行法では第22条）の規定により認可された幼稚園に対して，教育課程を編成し，それに基づく指導計画を作成するうえで従うべき国が示す基準である。

　最新の2017（平成29）年改訂の幼稚園教育要領では，まず第1章「総則」で，幼稚園教育の基本，教育課程の役割と編成等，が説明されている。幼稚園教育の基本については，具体的には，以下のように記されている。

第1　幼稚園教育の基本
　幼児期の教育は，生涯にわたる人格形成の基礎を培う重要なものであり，幼稚園教育は，学校教育法に規定する目的及び目標を達成するため，幼児期の特性を踏まえ，環境を通して行うものであることを基本とする。

　幼稚園教育の基本となるのは，「環境を通して行うものであること」ということである。ここで言うところの環境とは，遊具や道具や，園庭などの物的環境だけではない。人的環境（保育者・友だち・保護者・地域の人々），自然事象や社会事象，空間的条件や時間的条件，その場の雰囲気なども含めた広い概念だと考えられている（下線は筆者，以下同様）。

▶3　学校教育法第1条で「学校」と規定されている。幼稚園，小学校，中学校，高等学校，中等教育学校，特別支援学校，大学（短期大学および大学院を含む）および高等専門学校をまとめて，「一条校」と呼ぶ場合がある。

■4 幼稚園教育要領の原文中では，「教師」と表記しているが，本書では，「教師」「保育士」を含めた「保育者」として統一して表記する。

　このため，保育者■4と子どもの信頼関係を基に，より良い教育環境づくりに努めるべく，重視すべき以下の3点を示している。

1　幼児の主体的な活動を促し，幼児期にふさわしい生活が展開されるようにすること。

2　遊びを通しての指導を中心として，ねらいが総合的に達成されるようにすること。

3　幼児一人一人の特性に応じ，発達の課題に即した指導を行うようにすること。

　つまり，幼児の「主体的な活動」が，幼児期にふさわしい生活を展開させること，そしてそれは「遊び」を通しての指導によってもたらされること，そのためには，幼児「一人一人」の特性（個人差）に応じて，発達の課題に即した指導を行うことが重要である，と示してある。

　さらに，保育者の役割についても，以下のように示している。

「その際，教師は，（中略）計画的に環境を構成しなければならない。この場合において，教師は，（中略）教材を工夫し，物的・空間的環境を構成しなければならない。また，教師は，幼児一人一人の活動の場面に応じて，様々な役割を果たし，その活動を豊かにしなければならない。」

■教育課程の役割と編成等

　幼稚園教育要領では，先に示したとおり，第1章「総則」の初めで，幼稚園教育の基本が説明され，その後，教育課程の役割と編成等については，主に，以下のように示している。

1　「幼児期の終わりまでに育ってほしい姿」を踏まえ教育課程を編成することなどを通して，教育課程に基づき組織的かつ計画的に各幼稚園の教育活動の質の向上を図っていくこと（以下「カリキュラム・マネジメント」という）に努めるものとする。

2　教育課程の編成に当たっては，各幼稚園の教育目標を明確に

12

1章　保育内容と保育の基本

するとともに，教育課程の編成についての基本的な方針が家庭や地域とも共有されるよう努めるものとする。

各幼稚園において教育活動の質の向上を図るべく，教育目標を明確にし，家庭や地域とも共有される教育課程の編成が求められていることが分かる。

これらを踏まえて，幼稚園の教育課程の編成上の基本事項として，主に，以下のように示している。

1　ねらいが総合的に達成されるよう，具体的なねらいと内容を組織するものとする。特に，自我が芽生え，他者の存在を意識し，自己を抑制しようとする気持ちが生まれる<u>幼児期の発達の特性を踏まえ</u>，配慮するものとする。

2　<u>幼稚園の毎学年の教育課程に係る教育週数</u>は，特別の事情のある場合を除き，<u>39週を下ってはならない</u>。

3　<u>幼稚園の1日の教育課程に係る教育時間</u>は，<u>4時間を標準とする</u>。ただし，幼児の心身の発達の程度や季節などに適切に配慮するものとする。

最後に，「第7　教育課程に係る教育時間終了後等に行う教育活動など」の所で，いわゆる「預かり保育」について，幼稚園教育の基本を踏まえて実施することと，幼児の生活全体が豊かなものになるように，家庭や地域における幼児期の教育支援に努めることを示している。

3　保育所保育指針における保育所保育の基本と保育の内容

■保育所保育の基本

保育所は，1947（昭和22）年に制定された児童福祉法第7条において，「児童福祉施設」⏩5 と規定されている。

⏩5　保育所以外の児童福祉施設としては，助産施設，乳児院，母子生活支援施設，児童厚生施設などがある。

13

保育所保育指針は，この児童福祉法第7条で「児童福祉施設」の規定により認可された保育所に対して，1948（昭和23）年に出された，児童福祉施設最低基準（2011（平成23）年最終改正）第35条（保育の内容）に基づき，「保育所における保育は，養護及び教育を一体的に行うことをその特性とし，その内容については，厚生労働大臣が定める指針に従う」とした，保育所における保育内容のガイドラインであり，先に示したように，これが「保育所における保育の基本的性格」である。

　最新の2017（平成29）年改定の保育所保育指針では，まず第1章「総則」で，保育所保育に関する基本原則，保育の計画および評価などが説明されている。次の第2章「保育の内容」では，乳幼児期の保育に関して，具体的な内容が説明されている。保育所保育の基本については，まずは保育所の役割として，主に，以下の4点を示している。

1　保育所は，保育を必要とする子どもの保育を行い，入所する子どもの最善の利益を考慮し，その福祉を積極的に増進することに最もふさわしい生活の場でなければならない。

2　保育所は，その目的を達成するために，保育に関する専門性を有する職員が，子どもの状況や発達過程を踏まえ，養護及び教育を一体的に行うことを特性としている。

3　保育所は，入所する子どもを保育するとともに，入所する子どもの保護者に対する支援及び地域の子育て家庭に対する支援等を行う役割を担うものである。

4　保育所における保育士は，倫理観に裏付けられた専門的知識，技術及び判断をもって，子どもを保育するとともに，子どもの保護者に対する保育に関する指導を行うものである。

　保育所が，「保育を必要とする子ども」＝「保護者が仕事や病気で，子どもの保育ができない状態」の保育を行い，入所する子どもの「最善の利益」を考慮する場であること。保育所が，「養護及び

教育」を一体的に行うことを特性としていること。保育所は，子ども
もの保育を行うだけではなく，「保護者支援」や「地域の子育て支
援」を行う場所でもあり，そのために保育士は，「専門的知識，技
術及び判断」をもって，保育，指導を行っていることが示してある。

　次に，保育の目標，保育の方法，保育の環境の3つについては，
主に，それぞれ以下のように説明している。

（1）保育の目標

　保育の目標については，ひとつ目に子どもの保育の目標として，
以下の（ア）から（カ）までの6つの側面から説明している。

　（ア）養護に関する目標，（イ）健康に関する目標，（ウ）人間関
係に関する目標，（エ）環境に関する目標，（オ）言葉に関する目標，
（カ）表現に関する目標

　つまり，子どもの保育の目標については，保育所の特性である
「養護及び教育」の場であることを踏まえて，5領域にかかわる目
標自体が，子どもの保育の目標なのである。

　2つ目の目標としては，保護者支援の目標を挙げている。これは，
第4章「子育て支援」のところでも取り上げているが，保護者1人
ひとりの状況を考慮し，丁寧かつ適切な対応での援助を目標として
いるのである。

（2）保育の方法

　保育の方法については，保育士等が保育を行ううえでの留意事
項が，以下の（ア）から（カ）までの6つ説明してある。（ア）から
（オ）までは子どもの保育に関することで，（カ）は保護者への援助
に関することである。それぞれの内容を簡潔に示すと以下のように
なる。

　（ア）子どもの状況把握と主体性の尊重

　（イ）子どもにとって健康かつ安全な環境の整備

　（ウ）子ども1人ひとりの発達過程に応じた保育

　（エ）子ども相互の関係性の尊重と集団活動の援助

（オ）生活や遊びを通しての総合的な保育

（カ）保護者への援助

（3）保育の環境

保育の環境については，人的環境（保育士や子どもなど），物的環境（施設や遊具など），さらに自然や社会の事象などの環境が相互に関連し合い，子どもの生活が豊かなものになるように，留意事項が，以下の（ア）から（エ）までの4つ示してある。それぞれの内容を簡潔に示すと以下のようになる。

（ア）子どもが自らかかわり，活動できるような環境

（イ）子どもにとって，安全で保健的な環境

（ウ）温かな雰囲気と，生き生きと活動ができる保育室の環境

（エ）子どもが人とのかかわりを育む環境

最後に，保育所の社会的責任については，以下の3点が説明してある。

「（ア）保育所は，<u>子どもの人権に十分配慮</u>するとともに，<u>子ども一人一人の人格を尊重</u>して保育を行わなければならない。

（イ）保育所は，<u>地域社会との交流や連携を図り</u>，保護者や地域社会に，<u>当該保育所が行う保育の内容を適切に説明</u>するよう努めなければならない。

（ウ）保育所は，<u>入所する子ども等の個人情報を適切に取り扱う</u>とともに，<u>保護者の苦情などに対し</u>，<u>その解決を図るよう努めなければならない。</u>」

保育所は，子どもの人権を尊重し，地域交流を図り，保護者や地域社会への保育所の説明責任を行い，個人情報を保護し **➡ 6**，保護者の苦情への対応の必要性が示されている。

■保育所保育指針における保育の内容

保育所保育指針では，第2章「保育の内容」で，保育士が配慮して保育すべきこととして，乳幼児の保育に関するねらいと内容を，

➡6 児童福祉法第18条の22に，保育士の秘密保持義務について明記されている。

1章　保育内容と保育の基本

主に発達に沿って，基本的な事項を以下の3つに分けて説明している。

（1）　乳児期の発達については，視覚，聴覚などの感覚や，座る，はう，歩くなどの運動機能が著しく発達し，特定の大人との応答的なかかわりを通じて，情緒的な絆が形成されるといった特徴がある。これらの点を踏まえて，乳児保育は，愛情豊かに，応答的に行われることが特に必要である。

（2）　1歳以上3歳未満の時期の発達については，基本的な運動機能が次第に発達し，排泄の自立のための身体的機能も整うようになる。食事，衣類の着脱なども，保育士等の援助の下で自分で行うようになる。語彙も増加することから，自分でしようとする気持ちを尊重し，温かく見守るとともに，愛情豊かに，応答的にかかわることが必要である。

（3）　3歳以上の時期の発達については，運動機能の発達により，基本的な動作が一通りできるようになるとともに，基本的な生活習慣もほぼ自立できるようになる。理解する語彙数が急激に増加し，知的興味や関心も高まってくる。集団的な遊びや協同的な活動も見られるようになる。この時期の保育においては，個の成長と集団としての活動の充実が図られるようにしなければならない。

4 幼保連携型認定こども園教育・保育要領における幼保連携型認定こども園の教育・保育の基本と保育の内容

■幼保連携型認定こども園の教育・保育の基本

幼保連携型認定こども園教育・保育要領については，先に示した幼稚園教育要領と保育所保育指針と重複する部分が多いので，簡単

17

に説明する。

　認定こども園は，幼稚園と保育所の両方の機能を併せ持つ施設として，2006（平成18）年6月に公布された「就学前の子どもに関する教育，保育等の総合的な提供の推進に関する法律」を基に導入された制度で，同年10月より実施された。

　認定こども園は，以下の4類型に分けられる。

①幼保連携型（幼稚園と保育所が連携し，一体的な運営を行う）

②幼稚園型（認可された幼稚園が，保育所的な機能を備えたもの）

③保育所型（認可された保育所が，幼稚園的な機能を備えたもの）

④地方裁量型（認可された幼稚園・保育所がない地域の教育・保育施設が，都道府県の認定基準により認定されたもの）

　幼保連携型認定こども園教育・保育要領は，この①幼保連携型の認定こども園の，教育・保育内容の基準を示したものである。

　最新の2017（平成29）年改訂の「幼保連携型認定こども園教育・保育要領」では，まず第1章「総則」で，幼保連携型認定こども園における教育および保育の基本と目標，子育て支援等に関する全体的な計画等，が説明されている。幼保連携型認定こども園における教育および保育の基本については，主に，以下のように記されている。

　「幼保連携型認定こども園における教育及び保育は，乳幼児期の特性及び保護者や地域の実態を踏まえ，環境を通して行うものであることを基本とし，家庭や地域での生活を含めた園児の生活全体が豊かなものとなるように努めなければならない。」

　このため，保育教諭等 [7] は，環境を整え，園児と共によりよい教育および保育の環境を創造するように努めるものとする。次に示す事項を重視して教育および保育を行わなければならない。

　（1）　乳幼児期は，自立に向かうものであることを考慮して，園児1人ひとりが安心感と信頼感をもっていろいろな活動に取り組む体験を十分に積み重ねられるようにすること。

[7]　幼保連携型認定こども園の勤務に必要な，保育士資格と幼稚園教諭免許の両方を持つ職員に，主幹保育教諭，指導保育教諭，助保育教諭および講師（保育教諭および助保育教諭に準ずる職務に従事する者に限る）を加えた者のことを「保育教諭等」と呼ぶ。

1章　保育内容と保育の基本

（2）　乳幼児期は，自己を十分に発揮することにより発達に必要な体験を得ていくものであることを考慮して，園児の主体的な活動を促し，乳幼児期にふさわしい生活が展開されるようにすること。

（3）　乳幼児期の自発的な遊びは，心身の調和のとれた発達の基礎を培う重要な学習であることを考慮して，遊びを通しての指導を中心に，そのねらいが総合的に達成されるようにすること。

（4）　乳幼児期の発達は，心身が相互に関連し合い，成し遂げられていくものであること，また，園児の生活経験がそれぞれ異なることなどを考慮して，園児1人ひとりの特性や発達の過程に応じ発達の課題に即した指導を行うようにすること。

■幼保連携型認定こども園の保育の内容

　幼保連携型認定こども園教育・保育要領は，第2章「ねらい及び内容並びに配慮事項」で，幼保連携型認定こども園における教育および保育のねらいと，そのねらいを達成するために指導する事項の内容を説明している。これらについて，保育所保育指針と同様に，主に発達に沿って，基本的な事項も同じ内容である。保育所保育指針と異なる点は，章の節に小見出しを多く付けたこと，該当する年齢の表記が，「乳児保育」→「乳児期の園児の保育」，「保育」→「教育及び保育」などに代わったことである。

5　保育内容の全体構造

■保育内容の構成について

　最新の幼稚園教育要領では，先に示した第1章「総則」で，幼稚園教育の基本，教育課程の役割と編成等を説明し，それ以降は，第

19

2章「ねらい及び内容」，第3章「教育課程に係る教育時間の終了後等に行う教育活動などの留意事項」で，具体的な活動内容や，指導計画の作成を説明している。

保育内容については，第2章で，5領域の各領域に沿って，「ねらい」「内容」「内容の取扱い」が示してある。第3章は，「預かり保育」と子育て支援についての留意事項が示してある。

最新の保育所保育指針では，先に示した第1章「総則」で，保育所保育に関する基本原則，保育の計画および評価などの説明をし，それ以降は，第2章「保育の内容」，第3章「健康及び安全」，第4章「子育て支援」，第5章「職員の資質向上」で，乳幼児期の発達特性や食育，子育て支援，職員の専門性や研修などを説明している。

保育内容については，第2章で，「乳児保育」「1歳以上3歳未満児の保育」「3歳以上児の保育」と，発達段階別に，保育の内容とそのねらいを中心に説明している。

最新の幼保連携型認定こども園教育・保育要領では，先に示した第1章「総則」で，幼保連携型認定こども園における教育および保育の基本および目標等，幼保連携型認定こども園の特に配慮が必要な点などを説明し，それ以降は，第2章「ねらい及び内容並びに配慮事項」，第3章「健康及び安全」，第4章「子育ての支援」で，乳幼児期の発達特性に応じた保育内容や食育，子育て支援などを説明している。

保育内容については，第2章で，「乳児期の保育」「1歳以上3歳未満児の保育」「満3歳以上児の保育」と，発達段階別に5領域の各領域に沿って，保育の内容とそのねらいを中心に説明している。

■保育内容総論で学ぶこと

「保育内容総論」という科目を学ぶ，まず第一の目的は，子どもたちにどのような「保育内容」を経験させたらよいか，ということを考えることができるようになることである。次に第二の目的は，

保育学や幼児教育学，心理学関係の諸科目（たとえば，保育原理・発達心理学・幼児教育課程論・保育方法論・保育者論・保育相談支援など）と，保育内容に関する科目とがどのように関連して，保育の理論と実践にかかわっていくのか，という全体像を明らかにすることである。

引用文献

上野恭裕編『おもしろく簡潔に学ぶ保育内容総論』保育出版社，2008
民秋言編『幼稚園教育要領・保育所保育指針・幼保連携型認定こども
　　園教育・保育要領の成立と変遷』萌文書林，2017
広田照幸・塩﨑美穂編『教育原理——保育実践への教育学的アプローチ』
　　樹村房，2010
保育小辞典編集委員会編『保育小辞典』大月書店，2006
森上史朗・柏女霊峰編『保育用語辞典第3版』ミネルヴァ書房，2004
文部科学省『教員免許更新制に係る関係資料』「幼保連携型認定こども
　　園における保育教諭の幼稚園教諭免許状の更新について」2017

参考図書

石垣恵美子・玉置哲淳・島田ミチコ・植田明編『新版 幼児教育課程論
　　入門』建帛社，2002
小田豊・神長美津子・西村重稀編『新保育シリーズ 保育内容総論』光
　　生館，2009
塩美佐枝編『保育・教育ネオシリーズ4 保育内容総論』同文書院，
　　2003
民秋言・吉村真理子編『新保育内容シリーズ 新訂保育内容総論——保
　　育内容の構造と総合的理解』萌文書林，2000
待井和江編『現代の保育学4 保育原理第7版』ミネルヴァ書房，2009

2章 保育内容の歴史的変遷

1 はじめに

　保育内容とは，就学前保育・教育施設において，乳児幼児期にふさわしい生活を保障して成長を促していく営みのことである。今日では，幼保一元化のような制度改革，特別なニーズのある子どもへの配慮，保幼小連携・接続の推進など，さまざまな視点から保育内容の充実が期待されている。保育内容の変遷を振り返りながら，保育内容を構成する原理や原則について理解を深めていこう。

2 明治・大正期の保育内容

■東京女子師範学校附属幼稚園の保育内容

　1876（明治9）年，わが国最初の幼稚園が東京女子師範学校附属幼稚園として設立された。関信三が監事（園長）を，ドイツ人松野クララ（夫は農商務省官吏の松野礀^{はざま}）が首席保姆を務めた。当時の幼稚園には上流階級の子どもたちが集っていたという。

　附属幼稚園規定には，幼児に内在する知的能力を開発し，個性を磨き，健全な身体を養い，人とのかかわりを通じて善良な言動を身に付けさせる，と示されていた。知・徳・体にわたる全人教育の理想が掲げられていたのである ➡1（図2-1）。

　カリキュラムの柱として「保育三科目」がすえられた。日常生活にかかわる物品や動植物の性質や形状を示す「物品科」，美的表現

➡1 「学齢未満ノ小児ヲシテ天賦ノ知覚ヲ開達シ固有ノ心思ヲ啓発シ身体ノ健全ヲ滋補シ交際ノ情誼ヲ暁知シ善良ノ言行ヲ慣熟セシムル」附属幼稚園規定1877。

2章 保育内容の歴史的変遷

図2-1 幼稚園における家鳩の遊戯（1877年頃）
洋装の保育者が松野クララである。

活動にかかわる「美麗科」，恩物を通じて幾何学的知性を開く「知識科」が時間割に従って進められていた。

1日の生活は室内集会にはじまり遊戯に終わっていた。保育の中心となっていたのは二十遊嬉（恩物）であった。創設当初の幼稚園はフレーベル主義に彩られていたと言えるのである 2。

■幼稚園教育の普及

幼稚園は，東京にはじまり，大阪，鹿児島，仙台と広がり，キリスト教主義の私立も開園していった。しかし，幼稚園は決して順調に普及していったわけではなかった。1882（明治15）年，幼稚園は全国でわずか7園（国立1園，公立5園，私立1園）にすぎなかったのである。

文部省は幼稚園の編制を簡易にするように働きかけ（簡易幼稚園の示諭），その一方で学校教育の予備的性格を持った小学校保育科を全国各地に設置した。こうした取り組みを通じて，幼稚園教育普及への気運が高まっていった。明治20年代には155園（国公立114園，私立41園）の幼稚園が増設され，1898（明治31）年には229園となっていた。この頃の保育内容は，東京女子師範学校附属幼稚園

2 恩物(Gabe)はフレーベルによって創案された世界初の体系的教育遊具。わが国では二十遊嬉とも呼ばれた。
第1恩物から第20恩物の体系のなかに自然界の諸法則や秩序を表象する，立体的，平面的，線状，点状の恩物が用意されていた。
恩物による造形活動によって，子どもに内在する神性（創造性や作業衝動）を喚起することがねらわれていた。

を模範，基準としていた。キリスト教系の幼稚園ではそこに聖書や
お祈り，イースターやクリスマス行事のような宗教的な要素が加え
られていた。

■幼稚園保育及設備規程

文部省は，幼稚園教育に関する国としての基準を示すために，
1899（明治 32）年，幼稚園保育及設備規程を出した。これによって
幼稚園の保育内容と施設設備に関する総合的な規定が明示されるこ
とになった。幼稚園保育及設備規程では，幼稚園教育の目的につい
て，幼児の「心身ヲシテ健全ナル発育ヲ遂ゲ善良ナル習慣ヲ得シメ
以テ家庭教育ヲ補ハンコト」と記されていた。つまり幼稚園教育は
家庭教育を補うものであり，幼児の心と身体の健全な発達と善良な
習慣形成をめざすとされた。満 3 歳から就学するまでの幼児を保
育すること，1 日の保育時間は 5 時間以内とすること，1 園の幼児
数は 100 人以内で特別の事情があるときでも 150 人以内とすること，
幼稚園の建物は平屋建てであること，園には恩物，絵画，遊戯道具，
楽器，黒板，机，腰掛け，時計，寒暖計，暖房機などを備えること
などが定められた。

保育内容については，「保育項目」として，遊戯，唱歌，談話，
手技の 4 つが示された。手技とは恩物での活動を指していた。これ
が最後に置かれた点に，脱フレーベル主義の兆しを読み取ることが
できよう。

■幼稚園令

大正末期，幼稚園は全国に 1066 園（国公立 374 園，私立 692 園）
となっていた。幼稚園数の増加とともに，その制度的確立を求め
る声が高まっていった。そうした要望に応えて，1926（大正 15）年，
わが国初の幼稚園に関する単独勅令として，幼稚園令が公布された
➡3。幼稚園令では，満 3 歳未満の幼児の入園が認められ，1 日の

➡3　勅令とは，大日本帝国憲法下，帝国議会の協賛を経て採択された法律に次ぐ重要な法規であった。天皇の大権によって制定された命令のことである。
1886（明治 19）年には，小学校令，中学校令，師範学校令，帝国大学令が出されていた。

保育時間は明記されなかった。幼稚園に託児所的な要素を与えることで，利用を促すことがねらわれていた。保姆1人が受け持つ幼児数は約40名以下とされた。この規定は1993（平成5）年まで存続することになる（現在では，幼稚園設置基準（第3条）で1学級35名と規定されている）。

　幼稚園令施行規則（第2条）では，「保育項目ハ遊戯，唱歌，談話，観察，手技等トス」とされ，5項目が示された。新たに登場した観察とは談話から分離されたものであり，事物の性状や変化について幼児の認識と理解を深めようとするものであった。また手技の後に「等」と付記されたことで，自由画や律動，読み方や数え方，生活訓練，園芸，会集や園外保育など，幼稚園側の裁量が広がった。こうしてフレーベル主義からの脱却が図られていったのである。

3 昭和の保育内容

■戦中の保育

　第2次世界大戦の際，学校教育は厳しい国家統制下に置かれた。幼稚園は義務教育の枠外であったので，保育内容が戦時色一色に染められることはなかった。それでも，国家意識の高揚に繋がる行事，たとえば皇居遥拝，神社参拝，出征将士の見送りなどが取り入れられていった。保育項目には，戦争を題材とした製作（軍艦や戦車，勲章や軍帽）や紙芝居，軍歌や国民体操などが盛り込まれ，一斉保育，合同保育，集団訓練のような保育法が主流となっていた。

■保育要領

　終戦とともに幼稚園をめぐる制度的位置づけや保育内容も大きく転換した。1947（昭和22）年に教育基本法と学校教育法が制定され，幼稚園は学校教育として位置づけられた。「幼稚園は，幼児を保育

し，適当な環境を与えて，その心身の発達を助長することを目的とする」（第77条）とされ，幼児の発達特徴を踏まえ，成人からの世話や保護と一体となった教育を行うことが示された。その一方で，児童福祉法により，保育に欠ける乳幼児のために保育所が法制化された。

1948（昭和23）年，連合国軍総司令部民間情報教育局（Civil Information and Educational Section：CIE）顧問のヘファナン女史（Heffernan, H., 1896～1987）からの示唆を得て，保育要領が幼児教育の手引きとして刊行された。保育要領は国の基準を示すものではなく，幼稚園，保育所，家庭における幼児教育・保育内容や方法の参考書，文部省による試案であった。

まえがき，幼児期の発達的特質，幼児の生活指導，幼児の生活環境，幼児の1日の生活，幼児の保育内容，家庭と幼稚園，以上全7章によって，幼児の生活全体が構造的にとらえられていた。内容については，見学，リズム，休息，自由遊び，音楽，お話，絵画，製作，自然観察，ごっこ遊び・劇遊び・人形芝居，健康教育，年中行事の12項目が「楽しい幼児の経験」として列挙されていた。生活全般にわたる総合的活動として保育が位置づけられていた。

保育要領は従来型の時間割を批判して，「一日を特定の作業や活動の時間に細かく分けて，日課を決めることは望ましくない。（中略）幼児の毎日の日課はわくの中にはめるべきでなく，幼児の生活に応じて日課を作るようにすべきである」とすすめていた。幼児1人ひとりの興味や能力に応じて，自らの選択によって自由に遊び，のびのびとした精神と身体を育むことが期待されたのである。また，自由遊びを可能にするために，設備を整えておく必要性が指摘された。

■幼稚園教育要領の刊行

戦後，就学前施設としての幼稚園や保育所の増加には目を見張る

ものがあった。幼稚園は 1946（昭和 21）年に 1789 園であったものが，1955（昭和 30）年には 5426 園（在園児数 64 万 3683 人）になっていた。私立幼稚園の伸張が著しく（3 万 3501 園），15 年間に 2420 園も増加した。同年，保育所は 8392 園（入所措置児童数 59 万 9887 人）と，その数を増やしていた。

文部省は 1956（昭和 31）年，幼稚園教育の内容にかかわる国の基準として「幼稚園教育要領」を刊行した。幼稚園設置基準も公布され，幼稚園の設置認可や運営基準が明確化された。幼稚園教育要領が出されたことで，幼児教育の目的や内容，教育課程の編成や実践展開の方向性が示された。

幼稚園教育要領によると，「幼稚園教育の目的は，幼児にふさわしい環境を用意して，そこで幼児を生活させ，望ましい方向に心身の発達がよりよく促進されるように指導すること」であった。保育内容は 6 領域（1 健康，2 社会，3 自然，4 言語，5 音楽リズム，6 絵画製作）に整理され，領域ごとに発達の特質が箇条書きされていた。内容とは「幼児の生活全般に及ぶ広い範囲のいろいろな経験」と見なされ，小学校の教科とは異なり，「いくつかの領域にまたがり，交差して現れる」とされた。内容は学習の対象ではなく，日常生活における自然な指導の結果として押さえられると考えられていた。

その一方で，各園での指導計画作成を支援する目的で，各内容領域における予想される幼児の「望ましい経験」が列挙された。それらは 6 領域合計で 261 項目にも及んだ。これらは幼稚園教育の現場では，子どもが経験すべき活動，身に付けるべき習慣や能力と理解された。幼稚園と小学校との一貫性を持たせることが「指導計画の作成とその運営」で指摘されたことから，保育内容が小学校での教科教育の準備であるかのような誤解を生んでいった。領域別に示した「望ましい経験」に基づいて教育課程を作成し，時間配当的な発想で実践していく幼稚園が後を絶たなかった。

■幼稚園教育要領の改訂

そこで文部省は，1964（昭和 39）年，幼稚園教育要領を改訂して，そうした誤解を改めようとした。各領域に明示されていた「発達上の特質」が削除され，6 領域のねらいが見出しとして柱立てされた。指導内容は 137 項目に精選された ➡ 4。しかし，教育課程は「幼児の経験や活動を選択し配列する」とされたので，そこから幼児の活動を導き出そうとする発想を改めることができなかった。結果的に，時間配当的なカリキュラム観が改められることはなかった。また，保育者の指導性が強調されたことで，「〜させる」「〜できるようにする」保育者主導とも言える保育が広がった。

4 平成の保育内容

高度経済成長を経て日本は経済大国となった。先進国として教育のあり方について問われるようになっていった。欧米の思想や制度を模範とする時代は終わり，創造性，表現力，個性，国際性豊かな人間を育成することが期待されるようになったのである。

子どもの世界に目を転じると，豊かさのなかの貧しさが蔓延していた。地域社会から遊び場が消え，自然とのかかわりが減少し，身体を十分に使って遊ぶ機会が乏しくなっていた。少子化により友だちとのかかわりも希薄になり，それを埋め合わせるかのように，ゲームなどによる遊びが広がっていた。

■5 領域の保育内容へ

こうした状況を受けて，1989（平成元年）年，幼稚園教育要領が改訂された。実に 26 年ぶりであった。幼稚園教育要領に関する調査研究協力者会議（1984（昭和 59）〜 1986（昭和 61）年）では，幼稚園教育の基本について，幼児の主体的な生活を中心に展開される

➡ 4　保育所保育指針は，厚生省によって1965（昭和40）年に作成され，全国に通達された。保育所での保育が養護と教育が一体となったものであり，特に 3 歳以上の幼児については幼稚園教育要領に準じた幼児教育を行うように示した。幼稚園教育要領のような法的拘束力を持つようになったのは，2008（平成20）年，厚生労働大臣による告示になって以降のことである。

2章　保育内容の歴史的変遷

ものであること，環境による教育であること，幼児1人ひとりの発達の特性および個人差に応じるものであること，遊びを通して総合的な指導によって行われるものであること，以上の4つの原則が確認された。そのうえで，幼稚園教育の内容として，人とのかかわりを持つ力の育成，自然との触れ合いや身近な環境とのかかわり合い，基本的な生活習慣・態度の形成が重点課題とされたのである ▶5。

　平成元年の改訂は，遊びを通じた指導，環境を通しての保育，心身の調和的発達といった，旧教育要領でも大切にされていた視点を継承しつつ，「幼児の主体的な活動を促し幼児期にふさわしい生活が展開されるようにすること」，「幼児の自発的な活動としての遊び」を通して「ねらいが総合的に達成されるようにすること」など，幼稚園教育の独自性が強調された。

　保育内容も5領域に再編された。それらは，心身の健康に関する領域「健康」，人とのかかわりに関する領域「人間関係」，身近な環境とのかかわりに関する領域「環境」，言葉の獲得に関する領域「言葉」および感性と表現に関する領域「表現」であった。それぞれが子どもの生活や育ちをとらえる窓口として，相互に関連・交差しているとされた ▶6。

　各領域の「ねらい」とは，幼稚園修了までに育つことが期待される心情，意欲，態度であり，幼児の育ちの方向目標であった。「ねらい」は幼稚園生活の全体を通じ幼児がさまざまな体験を積み重ねるなかで達成に向かうものとなった。「内容」は「ねらい」を達成するために指導する事項であり，幼児にふさわしい生活（経験や活動）のありようが大綱的に示された。保育者の役割は，幼児が自ら活動を展開していくことができるように環境を構成して，遊びを援助することとされた。

　この改訂を受けて，実践現場では自由遊びが再評価された。子どもが自主的，主体的に遊びながらさまざまな経験を自ら積み上げていくことが推奨されたのである。しかし，子どもの自発的活動を尊

▶5　幼稚園教育要領に関する調査研究協力者会議「幼稚園教育の在り方について」1986。

▶6　「領域」とは保育内容のまとまりを表す概念である。

29

➡7 教育基本法
（教育の目標）
第2条 教育は，その目的を実現するため，学問の自由を尊重しつつ，次に掲げる目標を達成するよう行われるものとする。
一 幅広い知識と教養を身に付け，真理を求める態度を養い，豊かな情操と道徳心を培うとともに，健やかな身体を養うこと。
二 個人の価値を尊重して，その能力を伸ばし，創造性を培い，自主及び自律の精神を養うとともに，職業及び生活との関連を重視し，勤労を重んずる態度を養うこと。
三 正義と責任，男女の平等，自他の敬愛と協力を重んずるとともに，公共の精神に基づき，主体的に社会の形成に参画し，その発展に寄与する態度を養うこと。
四 生命を尊び，自然を大切にし，環境の保全に寄与する態度を養うこと。
五 伝統と文化を尊重し，それらをはぐくんできた我が国と郷土を愛するとと

重するあまり，放任状態に陥る実践もあった。幼児の勝手気ままで無責任な活動が「自由遊び」として黙認されることも少なくはなかった。「幼児がみずから選んで行う経験や活動」（幼稚園教育要領，1964年），が，「束縛や拘束からの解放」「大人の干渉からの自由」と取り違えられてしまったのである。

■少子化時代の保育内容

　こうした誤解を正すために，保育の計画性や保育者の指導性について再確認する必要があった。また，少子化の深刻化，神戸連続児童殺傷事件（酒鬼薔薇聖斗事件）発生等，子どもの心の育ちをめぐる課題が持ち上がっていた。さらには2002（平成14）年から完全実施された学校週5日制に対応するために，「21世紀を展望した我が国の教育の在り方について」（第15期中央教育審議会答申，1996年）や「時代の変化に対応した今後の幼稚園教育の在り方について」最終報告（文部省，1997年）が公表された。ゆとり教育を進めて豊かな人間性，自ら学び考える力，生きる力の育成が唱えられたのである。

　こうして，1998（平成10）年に幼稚園教育要領が改訂された。幼稚園教育の基本的考え方の充実発展，幼児理解に基づき教師の基本的役割を明確化すること，豊かな生活体験の充実（心身の健康，道徳性，自然体験，知的発達，集団内の自己実現），幼小連携強化，子育ての支援，地域に開かれた幼稚園づくりなどが課題とされていた。各領域の「ねらい」についても，「生きる力の基礎となる心情，意欲，態度」と，新たに「生きる力の基礎」というキーワードが加えられた。

　この頃，少子化に歯止めがかからないことから，政府は「少子化対策基本法」（2003年）や「少子化対策大綱」（2004年）など，子育て支援策を立て続けに打ち出していった。「幼児教育振興プログラム」（2001年），中央教育審議会答申「子どもを取り巻く環境の変化

2章　保育内容の歴史的変遷

を踏まえた今後の幼児教育の在り方について」(2005年),「幼児教育振興アクションプログラム」(2006年)など,幼児教育充実を図り,子どもを産み育てやすい社会の実現に向けての取り組みがなされていったのである。2006(平成18)年10月からは養護と幼児教育が一体となった認定こども園制度がスタートした。認定こども園(幼保連携型,幼稚園型,保育所型,地方裁量型)では,養護については保育所保育指針,3歳児以上の幼児教育については幼稚園教育要領に準じた保育実践が展開されるようになった。

5 教育基本法の改正後の保育内容

　教育基本法(2006年)と学校教育法(2007年)が改正され,わが国の教育をめぐる最重要法規が戦後60余年を経て一新されたことは特筆すべきことであった。とりわけ改正教育基本法では,第2条に「教育の目標」が明記され,家庭教育(10条)と幼児期の教育(11条)が特記された 🔲7。

■小学校への接続・連携への視点

　こうしたなかで,2008(平成20)年,幼稚園教育要領が改訂された。1956(昭和31)年の刊行以降,4回の改訂である。幼稚園教育の基本を引き継ぎつつ,さらなる内容の充実を図ることが意図された。保育内容においては,幼児教育をめぐる今日的課題への対応として,発達と学びの連続性の観点から幼小連携や地域との交流のさらなる充実,保護者に対する子育ての支援や啓発活動の充実,それらに加え,遊びのなかの学びをとらえる方向性が出された。

　5領域において特に注目したいのが,人とのかかわりに関する領域「人間関係」である。新たに「友達と楽しく活動する中で,共通の目的を見いだし,工夫したり,協力したりなどする」(内容(8)),「幼児が互いに関わりを深め,協同して遊ぶようになるため,自ら

もに,他国を尊重し,国際社会の平和と発展に寄与する態度を養うこと。

(家庭教育)
第10条　父母その他の保護者は,子の教育について第一義的責任を有するものであって,生活のために必要な習慣を身に付けさせるとともに,自立心を育成し,心身の調和のとれた発達を図るよう努めるものとする。

2　国及び地方公共団体は,家庭教育の自主性を尊重しつつ,保護者に対する学習の機会及び情報の提供その他の家庭教育を支援するために必要な施策を講ずるよう努めなければならない。

(幼児期の教育)
第11条　幼児期の教育は,生涯にわたる人格形成の基礎を培う重要なものであることにかんがみ,国及び地方公共団体は,幼児の健やかな成長に資する良好な環境の整備その他適当な方法によって,その振興に努めなければならない。

31

行動する力を育てるようにするとともに，他の幼児と試行錯誤しながら活動を展開する楽しさや共通の目的が実現する喜びを味わうことができるようにすること」（内容の取扱い（3））が追加された。他者と活動を共にすることを通じて，知識・技術・価値意識などを幼児なりに発見して，それらを互いに共有しながら次なる活動に応用していく〈協同的な学び〉の視点が示されたのである。

生活経験や発達段階が異なる子どもたちが群れて遊ぶことで，自分よりも発達的・経験的に高いレベルの遊び仲間の刺激を受け，幼児は1人では到達できない活動や着想レベルへと飛躍する。ヴィゴツキー（Vygotsky, L. S., 1896～1934）が指摘した「発達の最近接領域（ZPD: Zone of Proximal Development)」である。協同して遊ぶ経験は，失われた子ども集団を再興して，社会的行動・情報，情動の交流を活性化して，幼児期にふさわしい育ちを保障する試みである。

■非認知的能力・社会情動的スキル

2017（平成29）年3月，幼稚園教育要領，「保育所保育指針」，「幼保連携型認定こども園教育・保育要領」の改訂（定）が公示された。

これに先だって，OECD（Organisation for Economic Co-operation and Development：経済協力開発機構）による教育レポートでは，社会の発展と個人の幸福に繋がる能力として，認知的能力（cognitive skills）と非認知的能力（non-cognitive skills）について取り上げられた。認知的能力とは，知識，思考，経験などを獲得してそれを解釈したり相互作用的に用いたりするスキルのことである。非認知的能力とは，長期的な目標の達成，他者との協働，感情を管理する能力にかかわると解され，社会情動的スキル（social and emotional skills）とも呼ばれた。特に非認知的能力の育成は幼児期の保育や教育の質に左右されることが追跡調査や実証研究の成果から明らかにされた。

また，同様な知見がノーベル賞経済学者のヘックマン（Heckman, J. J., 1944～）によって示された。彼は，就学前によりよい保育を受

2章　保育内容の歴史的変遷

けることで，やる気や忍耐力，協調性などが身に付き，成人してからより優位な職業に就くことを指摘した。幼児期に1ドルの投資をすると将来7ドルになって返ってくるというのである ▶8。

　21世紀を生き抜くための資質・能力が模索されてきたわが国にとって，OECDやヘックマンの問題提起は時機を得たものであった。ともに幼稚園教育要領等の改訂に際して，並々ならぬ影響を与えたのである。

■資質・能力と「10の姿」をめぐって

　2017（平成29）年に公示された幼稚園教育要領や保育所保育指針等においては，3歳から5歳までの幼児教育のねらいは，「幼児の生活する姿から捉えた」資質・能力であると示された。これまで堅持されていた心情，意欲，態度が資質・能力へと改められたのである ▶9。

　資質・能力を構成する3つの柱として示されたのは，「知識及び技能の基礎」「思考力，判断力，表現力等の基礎」「学びに向かう力，人間性等」である。幼稚園教育要領第1章「総則」では次のように示されている。

（1）　豊かな体験を通じて，感じたり，気付いたり，分かったり，できるようになったりする「知識及び技能の基礎」
（2）　気付いたことや，できるようになったことなどを使い，考えたり，試したり，工夫したり，表現したりする「思考力，判断力，表現力等の基礎」
（3）　心情，意欲，態度が育つ中で，よりよい生活を営もうとする「学びに向かう力，人間性等」

これらは小学校学習指導要領とも繋がっており，幼保小連携・接続への具体的な柱立てと見なすことができる。

▶8　ジェームズ・ヘックマン『幼児教育の経済学』東洋経済新報社，2015。

▶9　2017年に公示された幼稚園教育要領では，小学校・中学校等で育まれる資質・能力への繋がりが明確になった。その一例として，保育内容（環境）領域において，従来の「国旗」に加え「国歌」に親しむことが明記された。これは，2006（平成18）年に改められた教育基本法，とりわけ第2条の「教育の目標」にある「伝統と文化を尊重し，それらをはぐくんできた我が国と郷土を愛する」規定を受けての対応である。さらに改定保育所保育指針でも，保育所における幼児教育が強調され，その整合性を図るため，「国旗」「国歌」が言及されることになった。

33

この資質・能力を保育内容5領域から具体的に析出したのが「幼児期の終わりまでに育ってほしい姿」である。これは「ねらい及び内容に基づく活動全体を通して資質・能力が育まれている幼児の幼稚園修了時の具体的な姿」とされている。具体的には，（1）健康な心と体，（2）自立心，（3）協同性，（4）道徳性・規範意識の芽生え，（5）社会生活とのかかわり，（6）思考力の芽生え，（7）自然とのかかわり・生命尊重，（8）数量や図形，標識や文字などへの関心・感覚，（9）言葉による伝え合い，（10）豊かな感性と表現，以上である。これら10項目は，教育課程や保育計画を立てる際の参考，幼児理解のヒントとして提供された視点であると言われている（図2-2）。

　しかし，「資質・能力」という言葉には「生まれながらの才能や能力」「何事かを成し遂げる力」といった辞書的意味がある。「資

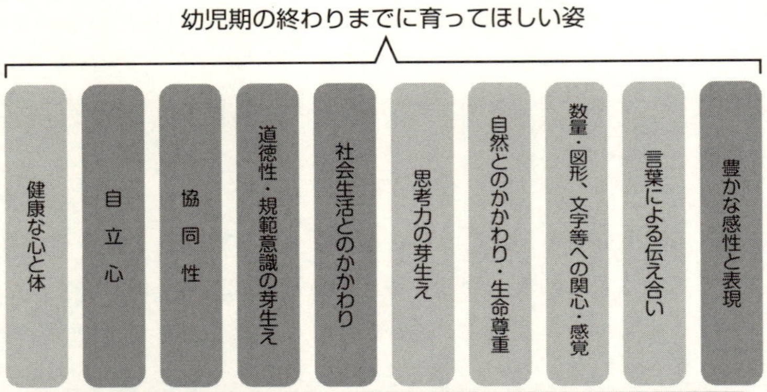

幼児期の終わりまでに育ってほしい姿

健康な心と体／自立心／協同性／道徳性・規範意識の芽生え／社会生活とのかかわり／思考力の芽生え／自然とのかかわり・生命尊重／数量・図形，文字等への関心・感覚／言葉による伝え合い／豊かな感性と表現

幼稚園教育において育みたい資質・能力

知識および技能の基礎	思考力，判断力，表現力等の基礎	学びに向かう力，人間性等
豊かな体験を通じて，感じたり，気付いたり，分かったり，できるようになったりする	気付いたことや，できるようになったことなどを使い，考えたり，試したり，工夫したり，表現したりする	心情，意欲，態度が育つなかで，よりよい生活を営もうとする

図2-2　3つの柱と10の姿 ➡10

➡10 幼稚園教育要領（2017）総則より作成。

質・能力」が字義的に受け止められることで,「できる」「分かる」を目指す保育が推奨されることが危惧される。また,「できない」「分からない」特別な支援や配慮が必要とされる子どもが疎外されてはならない。「10の姿」それぞれが独立した達成目標や評価項目として受け取られたりしないよう,注意を喚起したい。

参考文献

小山みずえ『近代日本幼稚園教育実践史の研究』学術出版会, 2012

ジェームズ・ヘックマン『幼児教育の経済学』東洋経済新報社, 2015

中西新太郎『保育現場に日の丸・君が代は必要か?』ひとなる書房, 2017

文部科学省教育課程課・幼児教育課編『初等教育資料 平成28年度版 幼稚園教育年鑑』東洋館出版社, 2017

3章 子どもの発達の特性と保育内容

1 「発達」のとらえ方

■日常語としての「成長」と学術用語としての「発達」

この世に生を受けた私たちは、時間の経過とともにさまざまに変化していく。身長が伸び、体重が増える、理解が深まり、知識が増える、感情が豊かになる、行動がより適切になるなど、その変化は多方面にわたっており、私たちはふだんそれを「成長」と呼ぶ。

だが、心理学や教育学などの学問分野では、同様の変化に対し、「発達」という言葉が用いられる。「成長」は日常語の意味合いの強い言葉であるが、「発達」は"development"の翻訳による学術用語であり、異なるニュアンスを持つことに注意する必要がある。

たとえば、高校生くらいで背が伸びなくなることを指して「成長が止まった」と言うが、「発達が止まった」とは言わない。試験で合格点をとれなかった学生が努力不足を反省して取り組み直し、次の試験で合格できたとき、「成長した」と言うことはあっても、「発達した」とは言わない。新人保育者がベテランになっていく過程を指すにも、「保育者の発達」ではなく「保育者の成長」という言葉が使われる。

「発達」は、今日の心理学においては、一般に、「個体が発生してから消滅するまでの変化の過程のうち、秩序と方向性をもって進行し、漸次的な構造的変化としてとらえられるもの」[1]（下線筆者）と定義されている。先の例にも見られるように、「成長」は、「成

▶1 大日向達子・並木博・福本俊・藤谷智子・向井敦子・石井富美子『発達心理学』朝倉書店, 1992, p.1.

人」すなわち何らかの意味で「一人前」である状態を到達点とし，そこに近づく変化について用いられる傾向がある。そのため，増加，増大，向上というプラスの変化，特に量的な増大を指すことが多く，短期間での変化にも用いられる。これに対し，「発達」は，生命が生命として出「発」してから終わりに到「達」するまで，すなわち受精・誕生から死に至るまでの長期にわたる変化の過程を指す。しかも単なる量的増大ではなく，一定の法則のもとで漸次的に（だんだんと）進行していく，個体内部での構造の変化すなわち質的変化を意味する言葉である。「成長」は変化そのものを見るが，「発達」は変化を系統的にとらえ，法則性を重視すると言えよう。

■ "development" の生得説的意味 ―― 「成熟か学習か」の問題

だが，「発達」という言葉の難しさはこれだけではない。翻訳語「発達」と原語 "development" の間にも，じつは意味のずれがある。

藤永保によれば，「発達」は，発と達という反意語を組み合わせた熟語であり，「どこからか出発してどこかに到達する過程」を意味するだけの平板な言葉であった。他方，"development" は，もともと「巻物をひもといて中身をよむ」というような意味であり，内部に潜んでいたものが徐々に表に現れてくることを指している ⮕ 2 。つまり，「発達」がニュートラルな言葉であるのに対し，"development" は，本来，遺伝的に規定されたプログラムによりさまざまな形質が発現していく「成熟」を意味する，生得説 ⮕ 3 的な言葉なのである。これを「種としての遺伝」という面から見れば，ヒトは，外的条件とは関係なく，年齢に沿って共通した変化の過程をたどるという考え方に，また「個人差をつくる原因としての遺伝」という面から見れば，身体的特徴や能力などの個人差はプログラムの違いであって，後からは変えられないという考え方に繋がっていく。「生まれつき」を重視する "development" は，神が

⮔ 2 藤永保『発達の心理学』岩波新書，1982，pp.22-23。

⮔ 3 人間が生まれながらに何らかの観念をもっていると考える哲学の学説。心理学では，遺伝的性質によって発達が規定されるとする考え方を指す。

すべての生物を今ある形に創造したとするキリスト教文化圏らしい言葉と言えるかもしれない。

けれども，発達の実態はこのとおりではない。ヒトの特徴である二足歩行ができるまでには，寝返り，ひとり座り，ハイハイなどの過程をたどると言われるが，近年はハイハイせずに歩き出す子どもが目立つようになっている。また，遺伝的に同じはずの一卵性双生児で人格や能力などが異なることも，生活のなかではよく見られる。発達には遺伝や成熟以外の要因があると考えないと，これらの説明はできない。

他の要因とは，「学習」すなわち外部の環境との相互作用による後天的な行動の変化である。私たちは，ポルトマン（Portmann, A., 1897 ～ 1982）が「生理的早産」と呼ぶ未熟な状態 ➡4 で，特定の文化を持った環境のなかに生まれる。そして，養育者との関係を基盤としながら，共に生活するなかで周囲の人やものとの関係をつくり，行動を変化させていく。社会や文化，周囲との関係性などの違いによって，行動も異なってくる。

発達を左右するのが「成熟（遺伝）か学習（環境）か」ということは，人間のあり方にかかわる重要な問題として，欧米で長く議論されてきた。研究が進むにつれ，「どちらか」という問いの立て方自体に問題があると考えられ，両者の関係が問われるようになった。

■「発達」のとらえ方

私たちが生物である以上，遺伝的制約から離れて自由に発達することはない。しかし，その発現の仕方には，環境が大きく影響する。神経系の成熟によってさまざまな学習ができるようになる一方，環境によって成熟が早まったり遅れたりするというように，成熟と学習が複雑に絡み合って発達が進行すると考える発達観が，今は妥当とされている。特定の刺激条件に反応しやすい「敏感期」の存在 ➡5 や，社会的隔離児の事例 ➡6 などを見ると，両者の関係が理

➡4 ポルトマン『人間はどこまで動物か——新しい人間像のために』岩波新書，1961, p.62。

➡5 以前は，特定の時期を過ぎると反応が起こらなくなるという意味で「臨界期」と呼ばれていたが，発達の可能性がなくなるわけではないことが分かり，より緩やかな表現になっている。

➡6 日本では，1972（昭和47）年に救出された6歳と5歳の姉弟の例がある。隔離されて育ち，外見は1歳程度で歩行も発語もほとんどなかったが，適切な環境に移った後，回復していった。（藤永保ほか『人間発達と初期環境——初期環境の貧困に基づく発達遅滞児の長期追跡研究』有斐閣，1987）。

3章　子どもの発達の特性と保育内容

解できよう。

　そうであれば，発達の過程は，ある意味で相対的にしかとらえられないとも言える。環境はさまざまであり，ヒトの発達に共通する特徴を，「ハイハイは〇カ月」のように細かく把握しようとするほど，例外も明らかになる。いわゆる「標準的な発達の指標」も，絶対的な基準ではなく「特定の社会環境で多く見られる特徴」と理解する方が適切であろう。指標自体も他者とのかかわりを含んだものとして見る必要がある。「2歳児の特徴」は，生まれてからずっと，まわりの人々がその子を守り，慈しみ，環境を整え，さまざまなことを伝えてきたからこそ，その時期に現れるのである。ヴィゴツキー（Vygotsky, L. S., 1896 ～ 1934）は，自力で問題解決できる発達の水準と他者の援助があれば解決できる水準のずれの範囲を「最近接発達の領域」と呼んだ➡7が，この領域への働きかけ，いわば少し先に子どもの目が向かうようなかかわりが生活のなかにあることで，発達は促される。子どもを「発達的にとらえる」とは，現在の特徴を指標と比較して「早いか遅いか」を判断することではなく，子どもが他者とのかかわりのなかで自分なりに環境に適応してきた過程を理解することであり，初期の状況から現在までの繋がりにおいて，変化を系統的に見ていくことなのである。

　だが「繋がり」とは言っても，それは単純に増大や向上に向かい，なめらかに繋がっているわけではない。誕生後身体が大きくなる一方で原始反射は消失し，身体的能力もピークに達すると衰えていくように，増大と減少，発現・獲得と消失が絡み合い，構造が質的に変化していく過程が発達なのである。この変化の特徴に着目し，発達の過程全体をいくつかの「発達段階」と呼ぶ時期に分けることが行われてきたが，段階の設定には論者によって差が見られ➡8，また「段階」という言葉自体，固定的な年齢区分をイメージさせるため，今では用語としてあまり用いられなくなっている。

　「発達」は保育を支える重要な概念であるが，このように，概念を

➡7　「発達の最近接領域」と訳されることが多いが，正確に訳すと「最近接発達の領域」となる。（古橋和夫編著『子どもの教育の原理──保育の明日をひらくために』萌文書林，2011，p.94）。

⬅8　ピアジェの認知的段階，フロイトの心理性的段階，エリクソンの心理社会的段階，などが知られている。一般的には，新生児期，乳児期，幼児期，学童期，青年期，成人期，老年期と区分される。

▶9 保育の現場では,「発達」の代わりにより緩やかでやわらかい「育ち」という言葉を使うことが多くなっている。(髙嶋景子ほか編『子ども理解と援助』ミネルヴァ書房, 2011, pp.29-30)。

めぐってさまざまな問題があることを,初めに理解しておきたい ▶9。

2 子どもの発達の特性

■発達における乳幼児期の重要性への着目

　それでは,保育を行う際の基本となる幼稚園教育要領(以下,「教育要領」と表記),保育所保育指針(以下,「保育指針」と表記),幼保連携型認定こども園教育・保育要領(以下「こども園要領」と表記)において,子どもの発達がどのように説明されているかを見ていこう。

　2017(平成29)年3月31日,これらの要領および指針は同時に改正され,2018(平成30)年4月1日から施行されることとなった。この改正の大きな特徴として,3歳以上児についての「幼児教育」にあたる部分が共通になったこと,小学校教育への接続がより明確に意識され,「幼児期の終わりまでに育ってほしい姿」が明記されたことなどが挙げられる。この背景には,2016(平成28)年の中央教育審議会答申「幼稚園,小学校,中学校,高等学校及び特別支援学校の学習指導要領等の改善及び必要な方策等について」で述べられているように,幼児教育を重視する国際的な流れや,2015(平成27)年4月に本格施行された「子ども・子育て支援新制度」などの影響で,幼児教育,保育の質の向上が求められてきていることがある。

▶10 民秋言代表編『幼稚園教育要領・保育所保育指針・幼保連携型認定こども園教育・保育要領の成立と変遷』萌文書林, 2017, p.37。

　発達において乳幼児期が重要であることは,1948(昭和23)年に出された「保育要領――幼児教育の手引き」にすでに述べられている。教育心理学の研究成果に基づき,幼児期において「人間の性格の基本的な型がだいたい決まる」ため,この時期の子どもへの「適切な世話や教育」が「運命の分かれみちになる」▶10 とした保育要領の考え方は,「生涯にわたる人格形成の基礎を培う」(教育要領,こども園要領),「生涯にわたる人間形成にとって極めて重要な

40

3章　子どもの発達の特性と保育内容

時期」（保育指針）などの言葉でもって，最新の改正まで受け継がれてきた。

　今回，特に注目されたのは，ヘックマン（Heckman, J. J., 1944 ～）らの幼児教育への投資効果に関する研究 ➡ 11 や，文部科学省の体力向上に関する調査研究 ➡ 12 などの具体的な成果である。前述の答申でも，幼児期に社会情動的スキルや非認知的能力を身に付けることが大人になってからの生活に大きな差を生じさせること，幼児期の語彙数や多様な運動経験などがその後の学力，運動能力に大きな影響を与えることなどに触れており，乳幼児期の学習の重要性が強調されている。

■幼稚園教育要領，保育所保育指針，幼保連携型認定こども園教育・保育要領に見られる基本的発達観

　今回の改正のひとつ前にあたる 2008（平成 20）年の幼稚園教育要領解説においては，「人は生まれながらにして，自然に成長していく力と同時に，周囲の環境に対して自分から能動的に働き掛けようとする力をもっている」と述べられており，「自然な心身の成長に伴い，人がこのように能動性を発揮して環境とかかわり合う中で，生活に必要な能力や態度などを獲得していく過程」が「発達」である ➡ 13 と説明されていた。また，同年告示の保育指針には，「子どもがそれまでの体験を基にして，環境に働きかけ，環境との相互作用を通して，豊かな心情，意欲及び態度を身に付け，新たな能力を獲得していく過程」が子どもの発達であると説明されていた。ここから読み取れるのは，自ら変化していく力を生まれ持つ存在として人間をとらえ，能動的な学習を重視する発達観である。

　2017（平成 29）年告示の教育要領およびこども園要領には，「身近な環境に主体的に関わり，環境との関わり方や意味に気付き，これらを取り込もうとして，試行錯誤したり，考えたりするようになる」という表現が見られる。保育指針でも，「子ども自らが環境に

◀11 ヘックマン『幼児教育の経済学』東洋経済新報社，2015。

◀12 文部科学省「体力向上の基礎を培うための幼児期における実践活動の在り方に関する調査研究報告書」2007～2009。

◀13 文部科学省『幼稚園教育要領解説』2008, p.10。

41

関わり，自発的に活動し，様々な経験を積んでいくことができるよう配慮すること」など，子どもが自分から環境に働きかけていくことを重視する記述がいくつも見られ，改正前の基本的発達観は受け継がれていると言えよう。

また，「発達段階」ではなく「発達の過程」（教育要領，こども園要領），「発達過程」（保育指針）という言葉が用いられていることも，発達を年齢によって画一的にとらえず，プロセスそのものを重視する点も，改正の前後を通じて変わってはいない。子ども1人ひとりの生活経験の違いや発達の多様な経過，個人差などに配慮することも，変わらずに強調されており，教育要領およびこども園要領においては，「幼児一人一人の発達の姿を見つめることにより見いだされるそれぞれの課題」➡14 を意味する「発達の課題」という言葉が，改正前から引き続き使用されている。子どもの発達がたどる過程は，大筋で見れば共通しているが，実態は1人ひとり異なっていること，その道筋を丁寧に見て，1人ひとりが持つ課題に応じてかかわっていくことが変わらず求められていると言える。

■乳幼児期の発達の特性

このような発達観を踏まえ，2017（平成29）年告示の教育要領，こども園要領，保育指針において，乳幼児期の発達の特性がどうとらえられているかを見ていこう。

まず，乳幼児期全体の特性に関する記述を拾っていくと，次のようなものが挙げられる。

① 心身の諸側面が相互に関連し合い，多様な経過をたどって成し遂げられていく。（教育要領，こども園要領）
② 身近な環境に主体的に関わり，環境との関わり方や意味に気付き，これらを取り込もうとして，試行錯誤したり，考えたりするようになる。（教育要領，こども園要領）

➡14 発達段階説において各段階で解決しておくべき課題をさす「発達課題」とは意味が異なる。発達課題は，適切に解決しないと次の段階へスムーズに進めないとされる。ハヴィガーストやエリクソンのものが有名である。

3章　子どもの発達の特性と保育内容

③ 周囲への依存を基盤にしつつ自立に向かう。(こども園要領)

④ 安定した情緒の下で自己を十分に発揮することにより，発達に必要な体験を得ていく。(教育要領，こども園要領)

⑤ 自我が芽生え，他者の存在を意識し，自己を抑制しようとする気持ちが芽生える。(教育要領，こども園要領)

　このうち，①は，発達の過程が複雑で多様であることを示しており，②は，先にも述べたように，子どもの能動性を示すものである。子どもと環境とのかかわりはさまざまな形をとるが，特に重視されているのは，「自発的な活動としての遊び」である。遊びは「心身の調和のとれた発達の基礎を培う重要な学習である」(教育要領，こども園要領) と説明されており，自ら興味・関心を持って周囲の環境に直接働きかけることを通して，イメージや概念を形成していくこの時期の学びの特性が示されている。

　③，④，⑤は，周囲の人々とのかかわりがこの時期の発達に大きく影響することを表すものである。周囲から受け入れられ，適切な援助が受けられるという安心感を基盤として，子どもは自主的活動に存分に取り組めるようになる。また，「人に対する信頼感や思いやりの気持ちは，葛藤やつまずきをも体験し，それらを乗り越えることにより次第に芽生えてくる」(教育要領，こども園要領) という記述があるように，自分の思いを主張し，ぶつかり合うことで，他者にも思いがあることに気づき，折り合いをつけることを学んでいく時期でもあることを示している。

　次に，もう少し細かく時期を区切り，それぞれの時期の特徴を見ていこう。2008 (平成20) 年の保育指針においては，子どもの発達過程がおおまかな年齢によって8時期に区分されていたが，2017 (平成29) 年の改正では「乳児期」「1歳以上3歳未満」「3歳以上」の3区分となり，こども園要領にも取り入れられることとなった。それぞれの時期の特性をまとめたものが，表3-1である。

43

表 3-1　発達過程区分と発達の特徴 ⇒ 15

	区分	おおむね6カ月未満	おおむね6カ月～1歳3カ月未満	おおむね1歳3カ月～2歳	おおむね2歳	おおむね3歳	おおむね4歳	おおむね5歳	おおむね6歳
平成20年保育指針解説書	発達の特徴	特定の大人との情緒的な絆　著しい発達	離乳の開始　言葉の芽生え　愛着と人見知り　活発な探索活動　運動発達（「座る」から「歩く」へ）	周囲の人への興味・関心　象徴機能と言葉の習得　行動範囲の拡大	基本的な運動機能　言葉を使うことの喜び　自己主張	ごっこ遊びと社会性の発達　言葉の発達　想像力の広がり　友達とのかかわり　基本的生活習慣の形成　運動機能の高まり	自己主張と他者の受容　葛藤の経験　想像力の広がり　身近な環境へのかかわり　基本的生活習慣の発達　全身のバランス	自己主張と他者の受容　目的のある集団行動　運動能力の高まり　基本的生活習慣の確立	仲間のなかの1人としての自覚　思考力と自立心の高まり　自主と協調の態度　巧みな全身運動
平成29年保育指針・こども園要領	区分	乳児期		1歳以上3歳未満		3歳以上			
	発達の特徴	特定の大人との情緒的な絆　感覚・運動機能の著しい発達		明瞭な発声・語彙や欲求の言葉での表出・意思指先の機能の発達（食事・着脱などを、援助の下で自分で行う）　排泄の自立　基本的な運動機能の発達（歩き始めから「歩く」「走る」「跳ぶ」など）		運動機能の発達　基本的な生活習慣の自立　理解できる語彙数の急激な増加　知的興味や関心の高まり　仲間のなかの1人としての自覚　↓集団的な遊びや協同的な活動　基本的動作			

表 3-2　幼児の幼稚園生活への適応の過程例 ⇒ 16

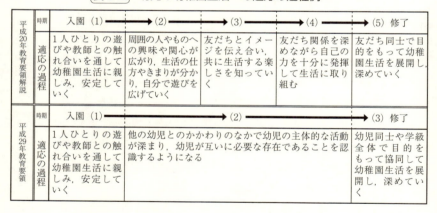

　一方，教育要領においては，年齢に対応した区分は見られず，表3-2のように，年齢よりもむしろ幼稚園での集団生活に適応していく変化の過程に注意が向けられている。こども園要領では，前述のように，年齢に応じた発達の特性が述べられているが，教育要領と同じく，園生活への適応過程についても記述されている。

3章　子どもの発達の特性と保育内容

3 子どもの発達と保育内容

■発達から保育内容を考える基本的視点

これまで見てきたように，子どもは周囲の人々の適切なかかわりに支えられて発達していく。子どもの発達の特性から考えて，幼稚園や保育所，認定こども園などの保育に必要となる基本的なことをまとめると，次のようになろう。

① 保育者への信頼感と情緒の安定
② 環境への主体的なかかわり
③ 身体を使い，感覚を働かせる活動による直接体験
④ 子ども同士の関係の構築
⑤ 個人差への配慮

園生活の出発点は保育者との関係である。保育は子どもを「保」護しながら教「育」する営みと言われるが，かけがえのない1人の人間として子どもを愛し受容する保育者の「母性的かかわり」[17]と，そこで育まれる保育者への信頼感，安心感が，子どもの主体的な環境へのかかわりを生み出す。かかわりのなかで重要となるのは自発的な遊びであり，身体を使い，感覚を働かせ，他の子どもとかかわることで心身の発達が総合的に促される。ただし，個人差も大きいため，画一的な保育にならないようにすることが必要である。

保育指針においては，このような保育の特性を，「養護と教育を一体的に行う」という言葉で表している。「養護」とは，「保育」の「保」護にあたる部分を指す言葉であり，子どもの生命の保持と情緒の安定を図るために保育者が行う援助やかかわりを意味する。低年齢の子どもが長時間過ごす保育所や認定こども園においては，この養護

[15] 2008（平成20）年「保育所保育指針解説書」および2017（平成29）年保育所保育指針，幼保連携型認定こども園教育・保育要領より作成。

[16] 2008（平成20）年「幼稚園教育要領解説」および2017（平成29）年幼稚園教育要領より作成。

[17] 鈴木昌世編『子どもの心によりそう 保育者論』福村出版，2012，pp.16-18。

45

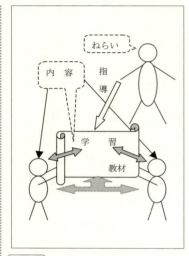
図 3-1　小学校以上の教育実践の構造

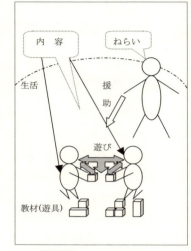
図 3-2　保育実践の構造

面への配慮が重要となるが，幼稚園においても意識する必要はあろう。「養護」を基盤として，「教育」すなわち保育者の援助により子どもの主体的な活動が展開されるようにすることが，保育の基本と言える。

　このような保育の実践が持つ構造は，小学校以上の教育と比較すると，図3-1および図3-2のように表される ▶18。保育では，子どもが経験する「内容」は園生活全体に含まれる ▶19。活動の中心は「遊び」であるが，食事など，生活に必要な活動も存在する。保育者は，一定の到達点ではなく，一定方向への期待や願いを「ねらい」として持ち，子どもの主体的な活動をさまざまに援助していく。発達の状況によって必要な経験は異なるため，長期的な展望を持って個々の子どもの変化をとらえることが必要である。

■発達の各時期の保育内容

　個々の園の保育内容は，教育要領や保育指針，こども園要領に基準として示された「ねらい」と「内容」をもとに，子どもの発達の

▶18　一般に，「何を」教えるか・習得するかにあたるものが「(教育)内容」，用いられる具体的な材料が「教材」である。教育の結果の予見が「目的」であり，下位概念としてより具体的な「目標」「ねらい」がある。

▶19　保育の場合，内容は「保育内容」，教材は「保育教材」と呼ばれることもある。

3章　子どもの発達の特性と保育内容

実態を踏まえ，園や地域の特色などを考慮して具体的に設定される。2017（平成29）年の教育要領，保育指針，こども園要領では，発達の各時期について，それぞれ「ねらい」と「内容」が示されている。表3-3は「ねらい」の部分を取り出したものであり，発達に合わせて自立と協同を目指す方向に向かっていることが見てとれる。

　これらのねらいを達成するため，子どもが経験するにふさわしい内容を考える際には，年齢のみならず，園での集団生活への適応過程を意識する必要がある。3歳以上児であっても，入園当初においては，年齢にかかわらず，新しい環境に対する不安や緊張を和らげ，自分を出せる基盤をつくることが必要となる。したがって，保育者と触れ合い，受け入れられていることを実感し，好きな遊びや身体

表 3-3　発達過程と保育のねらい

3歳以上

生命の保持	情緒の安定	領域「健康」	領域「人間関係」	領域「言葉」	領域「環境」	領域「表現」
①快適に生活できるようにする ②健康で安全に過ごせるようにする ③生理的欲求が，十分満たされるようにする ④健康増進が，積極的に図られるようにする	①安定感をもって過ごせるようにする ②自分の気持ちを安心して表すことができるようにする ③周囲から主体として受け止められ，主体として育ち，自分を肯定する気持ちが育まれていくようにする ④くつろいで共に過ごし，心身の疲れが癒されるようにする	①明るく伸び伸びと行動し，充実感を味わう ②自分の体を十分に動かし，進んで運動しようとする ③健康，安全な生活に必要な習慣や態度を身に付け，見通しをもって行動する	①園での生活を楽しみ，自分の力で行動することの充実感を味わう ②身近な人と親しみ，かかわりを深め，工夫したり，協力したりして一緒に活動する楽しさを味わい，愛情や信頼感をもつ ③社会生活における望ましい習慣や態度を身に付ける	①自分の気持ちを言葉で表現する楽しさを味わう ②人の言葉や話などをよく聞き，自分の経験したことや考えたことを話し，伝え合う喜びを味わう ③日常生活に必要な言葉が分かるようになるとともに，絵本や物語などに親しみ，言葉に対する感覚を豊かにし，保育者や友だちと心を通わせる	①身近な環境に親しみ，自然と触れ合うなかでさまざまな事象に興味や関心を持つ ②身近な環境に自分からかかわり，発見を楽しんだり，考えたりし，それを生活に取り入れようとする ③身近な事象を見たり考えたり，扱ったりするなかで，物の性質や数量，文字などに対する感覚を豊かにする	①いろいろなものの美しさなどに対する豊かな感性を持つ ②感じたことや考えたことを自分なりに表現して楽しむ ③生活のなかでイメージを豊かにし，さまざまな表現を楽しむ

1歳以上3歳未満

生命の保持	情緒の安定	領域「健康」	領域「人間関係」	領域「言葉」	領域「環境」	領域「表現」
		①明るく伸び伸びと生活し，自分から体を動かすことを楽しむ ②自分の体を十分に動かし，さまざまな動きをしようとする ③健康，安全な生活に必要な習慣に気付き，自分でしてみようとする気持ちが育つ	①園での生活を楽しみ，身近な人とかかわる心地よさを感じる ②周囲の子ども等への興味や関心が高まり，かかわりを持とうとする ③園での生活の仕方に慣れ，きまりの大切さに気づく	①言葉遊びや言葉で表現する楽しさを感じる ②人の言葉や話などを聞き，自分でも思ったことを伝えようとする ③絵本や物語等に親しむとともに，言葉のやり取りを通して身近な人と気持ちを通わせる	①身近な環境に親しみ，触れ合うなかで，さまざまなものに興味や関心を持つ ②さまざまなものにかかわるなかで，発見を楽しんだり，考えたりしようとする ③見る，聞く，触るなどの経験を通して，感覚の働きを豊かにする	①身体の諸感覚の経験を豊かにし，さまざまな感覚を味わう ②感じたことや考えたことを自分なりに表現しようとする ③生活や遊びのさまざまな体験を通して，イメージや感性が豊かになる

乳児期

生命の保持	情緒の安定	健やかに伸び伸びと育つ	身近な人と気持ちが通じ合う		身近なものとかかわり感性が育つ	
		①身体感覚が育ち，快適な環境に心地よさを感じる ②伸び伸びと体を動かし，はう，歩くなどの運動をしようとする ③食事，睡眠等の生活のリズムの感覚が芽生える	①安心できる関係の下で，身近な人と共に過ごす喜びを感じる ②体の動きや表情，発声等により，保育者等と気持ちを通わせようとする ③身近な人と親しみ，かかわりを深め，愛情や信頼感が芽生える		①身の回りのものに親しみ，さまざまなものに興味や関心を持つ ②見る，触れる，探索するなど，身近な環境に自分からかかわろうとする ③身体の諸感覚による認識が豊かになり，表情や手足，体の動き等で表現する	
生命の保持	情緒の安定	健やかに伸び伸びと育つ	身近な人と気持ちが通じ合う		身近なものとかかわり感性が育つ	
養護		教育				

47

を動かす活動などを通して自己を解放する経験ができるようにすることが望ましい。子どもが園生活に慣れるにつれ，保育者の直接的なかかわりを減らして子ども同士の関係を育み，興味の幅を広げ，自分たちで工夫して生活を展開できるような経験を積み重ねていけるようにする。そして，修了に向かう時期には，目的を共有し，クラスで協力して活動に取り組むことを進め，小学校での協同的な学びへと繋げていくことが必要となる。

■発達の連続性と小学校への接続

　2017（平成29）年の改正においては，先に述べたように，小学校教育への接続・連携がより明確に意識されている。小学校以上の学習指導要領に繋がるよう「知識及び技能の基礎」「思考力，判断力，表現力等の基礎」「学びに向かう力，人間性等」の3つの資質・能

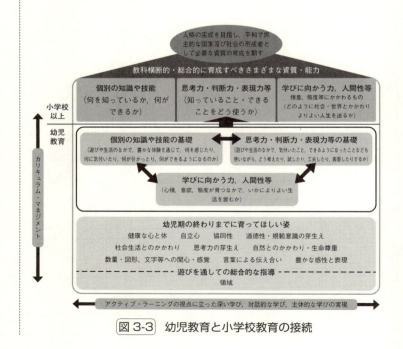

図3-3　幼児教育と小学校教育の接続

力が示され，小学校と共有すべき姿として「幼児期の終わりまでに育ってほしい姿」が10項目に整理されて示されている ◄20。

　ここで注意が必要なのは，これらが単独の活動における到達目標として提示されているわけではないということである。領域の「ねらい」と「内容」は，ひとつの活動においていくつもの項目が絡み合い，その活動が次の活動に繋がることで，総合的に展開され達成されていく。たとえば，園庭で保育者と追いかけっこをする場合，保育者との触れ合いを楽しんでいる子どももいれば，戸外で身体を動かす心地よさを味わっている子どももいるであろう。靴が脱げて転べば，土の硬さを感じることもあろう。そこから安全な靴の履き方に意識が向かうこともあろう。子ども1人ひとりの発達を理解し，その時その子どもにとっての活動の意味を考えながら保育を行った結果として，一定の方向へ向かう姿が認められるようになってくる。その姿を受け止めて小学校教育に繋げていくことが，これまで以上に求められていると言える。

　保育内容の具体的な展開については，以降の各章で学ぶこととなる。保育の基本を確認しながら，読み進めていってほしい。

参考文献

佐伯胖『幼児教育へのいざない――円熟した保育者になるために』東京大学出版会，2001

陳省仁・古塚孝・中島常安編著『子育ての発達心理学』同文書院，2003

永野重史『発達とはなにか』東京大学出版会，2001

丸山良平・横山文樹・富田昌平『保育内容としての遊びと指導』建帛社，2003

無藤隆『幼児教育の原則――保育内容を徹底的に考える』ミネルヴァ書房，2009

無藤隆『3法令改正の要点とこれからの保育――平成29年度告示幼稚園教育要領　保育所保育指針　幼保連携型認定こども園教育・保育要領』チャイルド本社，2017

◄20 図3-3は，「教育課程企画特別部会　論点整理」(2015) 別添1の図を一部改変したものである。また，2017（平成29）年改訂の小学校学習指導要領においても，「幼児期の終わりまでに育ってほしい姿を踏まえた指導を工夫すること」が求められている。

4章 個と集団の発達と保育内容

　幼稚園や保育所・認定こども園は子どもたちが多くの他者と出会い、かかわりあいながら過ごす場である。同年齢・異年齢の子どもたちが生活するなかで育ち合い、1人ひとりがその子らしさを輝かせて育っていく。また、1人ひとりの育ちとともに、子どもたち同士の「集団」そのものも育っていく。保育者は個々の子どもをとらえる視点と集団をとらえる視点をもとに保育内容を考えることで、1人ひとりの育ちと集団の育ちを支えている。

　それでは、幼稚園や保育所、認定こども園における生活のなかで、どのような経験を通して、どのように個と集団は発達していくのであろうか。まず、幼稚園教育要領、保育所保育指針および幼保連携型認定こども園教育・保育要領に示されている個と集団の発達の関係について見ていこう。そのうえで、個と集団の発達の関係について事例を通して具体的にとらえていこう。なお、2017（平成29）年の改定・改訂により、幼児教育施設である幼稚園、保育所、認定こども園は3歳児以上の保育内容の部分は共有化されているため、3歳未満児の保育内容にかかわる部分は主に保育所保育指針の記載から、3歳以上児の保育内容部分は主に幼稚園教育要領の記載から見ていくこととする。

1 乳児期からの発達と保育内容

■大人とのかかわりから子ども同士のかかわりへ

　保育者は乳幼児期の発達過程を十分に理解し、発達の道筋に応じ

4章　個と集団の発達と保育内容

た見通しを持って保育を行っていく。なかでも子どもの発達において乳児期からの人とのかかわりは重要であり，2018（平成30）年4月施行（2017年告示）の「保育所保育指針」には「乳児保育に関わるねらいと内容」に「身近な人と気持ちが通じ合う」という社会性の発達に関する視点が示されている➡1。

保育所保育指針の第2章「保育の内容」から「人との関わり」の発達を踏まえ，乳児期から幼児期に至る個と集団の関係の発達について大まかに見ると次のようになる。

➡1　保育所保育指針第2章「保育の内容」1「乳児保育に関わるねらい及び内容」，幼保連携型認定こども園教育・保育要領第2章「ねらい及び内容並びに配慮事項」第1「乳児期の園児の保育に関するねらい及び内容」参照。

---

① 大人により生命の保持と情緒の安定が図られ，受容的・応答的なかかわりのもとで共に過ごす喜びを感じ，身近な大人と気持ちを通わせようとする➡2。

② 身近な大人と親しみ，かかわりを深め，人への愛情や信頼感が芽生える➡3。

③ 大人との信頼関係のもとで，自分でしたいという気持ちが旺盛になり，周囲の子どもへの興味関心が生まれ，かかわりを持とうとする➡4。

④ 大人や周囲の子どもとの関係のなかで，共に過ごす心地よさを感じ，徐々に他児とかかわりを持って遊び，かかわり方を身につける➡5。

⑤ 友だちとのかかわりにより，子どもの身体的・知的・情緒的・社会的および道徳的な発達が促される➡6。

⑥ 仲間との関係を育むとともに1人ひとりの成長も促される➡7。

このように，最初に保育者と子どもという二者関係の形成がなされ，次第に子ども同士のかかわり合いへと展開していくことが示されている。0歳児から就学前の子どもたちが生活する保育所および認定こども園において，乳児期における保育者との十分な応答関係のなかで育まれる信頼関係は，子ども同士の関係を築く基盤である。この基本的信頼感に支えられて，子どもは自分の力で行動し，充実感や満足感を味わうようになっていく。また，1人の世界を保障されているからこそ，保育者やほかの子どもが活動する様子にも関心を持って見るようになっていくのである。そのためには，自分でやってみたい，かかわってみたいという乳児期からの子どもの気持

➡2　保育所保育指針第2章「保育の内容」1「乳児保育に関わるねらい及び内容」(2)「イ　身近な人と気持ちが通じ合う」(イ)内容参照。

➡3　保育所保育指針第2章「保育の内容」1「乳児保育に関わるねらい及び内容」(2)「イ　身近な人と気持

51

ちを大切にする保育，子どもがやりたい時に思う存分できる保育の営みが不可欠である。

　なお，子どもが自己認知をする時期は1歳半ころと言われており，他者の存在に気づき，さらに他者との相互関係のなかで徐々に自己が形成されていく。乳児期に特定の保育者との愛着関係を築くなかで自分を理解してくれる人がいるという安心感が生まれ，自分はありのまま愛されているという自己肯定感を育てる。つまり，保育者が1人ひとりに人との心の絆や深い安心が生まれるよう，日々温かな受容と見守りのなかで愛情豊かにかかわることがきわめて重要なのである。

　保育者である大人と子どもの信頼関係構築のうえで，子どもは保育者の仲立ちを介して，他の子どもとも繋がっていく。保育者を中心として子ども同士がかかわるようになっていき，次第に子どもたちだけでの結びつきが生まれていく。この過程を経て「個の成長と，子ども相互の関係や協同的な活動」が可能となる。保育者には子どもの発達を理解し，1人ひとりの発達過程と個人差に十分配慮して保育をすることと同時に，子ども相互のかかわりを重視し，集団としての成長を図っていくことが求められる▶8。

　なお，⑥のように仲間との関係の育ちが1人ひとりの成長に繋がっていること，つまり仲間集団としての育ちと個の育ちとの関連をとらえておきたい。子どもたちが集団のなかで人とのかかわりを深めて自分らしさを豊かに育てるとともに，集団の一員として人とかかわる力を育て，友だちとの関係を豊かに築いていくよう日々の保育を展開し，適切な援助を行っていかなければならない。

ちが通じ合う」
(イ)内容参照。
5 保育所保育指針第2章「保育の内容」保育所保育指針第2章「保育の内容」3「3歳以上児の保育に関するねらいと内容 イ人間関係」(イ)内容①に関連する。

▶4 保育所保育指針第2章「保育の内容」3「3歳以上児の保育に関するねらいと内容 イ人間関係」(イ)内容①に関連する。

▶5 保育所保育指針第2章「保育の内容」3「1歳以上3歳未満児の保育に関するねらいと内容 イ人間関係」(イ)内容①，③，④に関連する。

▶6 保育所保育指針第2章「保育の内容」3「3歳以上児の保育に関するねらいと内容 イ人間関係」(イ)内容①，②，⑤，⑥，⑩に関連する。

▶7 保育所保育指針第2章「保育の内容」1「(2)教育に関わるねらい及び内容 イ人間関

4章　個と集団の発達と保育内容

2　幼児期の発達と保育内容

■かかわりのなかで育つ

　保育・幼児教育施設では，子どもの活動がそれぞれの時期にふさわしいものとなるよう，子どもの実態や発達過程などを踏まえた長期の見通しを持って計画をし，援助を行っていく。たとえば幼稚園教育要領では，3歳以上児となる子どもの生活を次のように示している。

> 　幼児の生活は，入園当初の一人一人の遊びや教師との触れ合いを通して幼稚園生活に親しみ，安定していく時期から，他の幼児との関わりの中で幼児の主体的な活動が深まり，幼児が互いに必要な存在であることを認識するようになり，やがて幼児同士や学級全体で目的をもって協同して幼稚園生活を展開し，深めていく時期などに至る ➡9。

　「一人一人」から「子ども同士やクラス全体」で目的を持って活動を展開するという，発達過程に即した子どもの生活が広がるよう計画する必要がある。また，幼児期における「発達の特性」を「自我が芽生え，他者の存在を意識し，自己を抑制しようとする気持ちが生まれる」➡10と述べ，子どもの自己形成には他者とのかかわりが必要であると示している。子どもたちは活動を通して他児の存在を認識し，その大切さに気づいていく。

　このように，幼児期を自己の表出が中心となる生活から，他者の存在を意識し，同年代の集団生活を自分たちのものとして進んでいく時期ととらえている。発達過程を踏まえた相互のかかわりのなかで，子ども自身の主体的な活動を保障し，その時期にふさわしい経験を重ねることによって，1人ひとりの自己形成と人とかかわる力が育つよう援助することが基本となる。

係」(イ)内容 ②，⑥，⑧，⑪に関連する。

➡8　保育所保育指針第1章総則1「保育の基本原則 (3) 保育の方法」ウに「子どもの発達について理解し，一人一人の発達過程に応じて保育すること。その際，子どもの個人差に十分配慮すること」とある。

➡9　幼稚園教育要領第1章総則第3「教育課程の役割と編成等」4 (1) 参照。

➡10　幼稚園教育要領第1章総則第3「教育課程の役割と編成等」3 (1) 参照。

■１人ひとりを生かした集団形成

　それでは，特に他児とのかかわりについて，どのように示しているのかとらえておこう。

> 　一人一人を生かした集団を形成しながら人と関わる力を育てていくようにすること。その際，集団の生活の中で，幼児が自己を発揮し，教師や他の幼児に認められる体験をし，自分のよさや特徴に気付き，自信をもって行動できるようにすること ▷11。

▷11 幼稚園教育要領第２章「ねらい及び内容　人間関係」3「内容の取扱い」および保育所保育指針第２章「保育の内容」3「3歳以上児の保育に関するねらい及び内容」(2)「イ　人間関係」，幼保連携型認定こども園教育・保育要領第２章「ねらい及び内容並びに配慮事項」第3「満3歳以上の園児の教育及び保育に関するねらい及び内容　人間関係」参照。

▷12 幼児期の終わりまでに育ってほしい姿として「健康な心と体，自立心，協同性，道徳性・規範意識の芽生え，社会生活との関わり，思考力の芽生え，自然とのかか

　つまり，各施設において保育者は子ども「一人一人を生かした集団を形成しながら人と関わる力を育てる」経験ができるよう保育を計画し，援助することが求められている。多様な体験を通して子どもが相手のことを考え，より楽しく活動するために必要なことに気づく環境を構成していくことが重要である。そのためには，幼児期においても安心して自分を発揮できるように，１人ひとりの発達過程を的確にとらえ，ありのままの姿や思いを認め，温かく見守る保育者の姿勢が重要である。

　集団のなかで１人ひとりが主体的に活動することができるよう，保育者は１人ひとりのその子らしいよさを認識しながら，子ども同士のかかわり合いを繋いでいく。保育者によって１人ひとりの思いが尊重され，認められる生活のなかで，子どもたち自身も他児の思いに気づき大切にする姿勢を身につける。また，他児のよさに気づくだけでなく，自分のよさにも気づき，自立の力もつけていくのである ▷12。

　互いを大切にする信頼感で結ばれた集団を形成していく子どもが，自分らしさを発揮しながらかかわり合う環境をいかに構成するかが保育者には問われている。子ども同士が育ち合い，仲間としての生活を築いていけるよう，時間をかけて個と集団の育ちを見守り，援助していくことが必要である。子どもたちの意欲を育てる環境を構

成しつつ，子どもたちが相互に結びついていく過程を支える保育の内容を精選していきたい。

　子どもは友だちと取り組むことで，1人ではできなかったことができ，友だちとならできるという場面も生まれる。子ども同士の関係に広がりや深まりがうまれていくなかで，順番やルールを決めることによって一緒に楽しく過ごすことができることに気づくようになっていく。

　子どもたち自身が決まりの大切さにも気づいて守ろうとする気持ちを尊重していくことが，「幼児期の終わりまでに育ってほしい姿」➡13 として記されている「道徳性・規範意識の芽生え」を培うことに繋がる。子ども同士が関係を深めるなかで互いの思いを主張し合い，葛藤や折り合いをつける体験を積み重ねることによって，規範意識も育っていくのである。

■協同する経験を重ねる

　また各施設で生活を送るなかで，相互の関係を深めていくと子どもはイメージを共有し，「子ども同士で目的を持って活動を展開していく」という発達過程に至る。幼稚園教育要領の領域「人間関係」では，「友達と楽しく活動する中で，共通の目的を見いだし，工夫したり，協力したりなどする」➡14 と示している。

　子どもたち自身が「共通の目的」に向かって協力して活動を展開していけるように，保育者は環境を構成し，活動を見守っていく。一緒に何かをやりたい，作りたいといった思いから子ども同士で共通する目的に向けて取り組む過程は決して一直線ではない。「幼児が互いに関わりを深め，協同して遊ぶようになるため，自ら行動する力を育てるようにするとともに，他の幼児と試行錯誤しながら活動を展開する楽しさや共通の目的が実現する喜びを味わうことができるようにすること」➡15 とあるように，試行錯誤しトラブルが生じても子どもたち同士で解決方法を考えていく時を大切に育てた

わり・生命尊重，数量や図形・標識や文字などへの関心，言葉による伝え合い，豊かな感性と表現」の10項目が示されている。幼稚園教育要領第1章「総則」第2「幼稚園教育において育みたい資質・能力及び「幼児期の終わりまでに育ってほしい姿」3，保育所保育指針第1章「総則」4「幼児教育を行う施設として共有すべき事項」，幼保連携型認定こども園教育・保育要領第1章「総則」第1「幼保連携型認定こども園における教育及び保育の基本及び目標等」3「幼保連携型認定こども園の教育及び保育において育みたい資質・能力及び「幼児期の終わりまでに育ってほしい姿」(3)参照。

◀13 ◀12 参照。

◀14 幼稚園教育要領第2章「ねらい及び内容　人間関係」3「内容の取扱い」および保育所保育指針第2章「保育の内容」3「3歳以上児の保育に関するねらい及び内

容」(2)「イ人間関係」、幼保連携型認定こども園教育・保育要領第2章「ねらい及び内容並びに配慮事項」第3「満3歳以上の園児の教育及び保育に関するねらい及び内容　人間関係」参照。

▶15　幼稚園教育要領第2章「ねらい及び内容　人間関係」3「内容の取扱い」および保育所保育指針第2章「保育の内容」3「3歳以上児の保育に関するねらい及び内容」(2)「イ人間関係」、幼保連携型認定こども園教育・保育要領第2章「ねらい及び内容並びに配慮事項」第3「満3歳以上の園児の教育及び保育に関するねらい及び内容　人間関係」参照。

▶16　2017(平成29)年告示の3法令において「協同性」は「幼児期の終わりまでに育ってほしい姿のひとつとして示されている。なお、「協同する経験」については、前回2009(平成21)年4月(2008年改訂)に施行さ

い。
　子ども自らが行動し、互いに思いを伝えて話し合い、相手を受け入れながら、工夫し協力して活動を展開する過程が子どもたち自身を育てていく。完成度よりもこれらの過程が子どもたちの育ちには重要なのである。
　子どもらしい豊かな発想で新たな道を見つけ出すことも、子どもたちのなかに保育者も入って話し合いをすることもあるだろう。子どもたちだけでは実現が難しい場合にも、どのような助言や手助けが必要であるかをとらえ、的確な援助を心がけていきたい。「協同する経験」を重ねて子どもたちに培われていく「協同性」は、小学校以降の学びへ向かう力へと発展していく▶16。子どもが人とかかわっていく過程や段階を尊重しながら、集団の関係を育てていこう。考え方や感じ方の異なる子どもたちが、互いに感情を共有したり、主張をぶつけ合ったりしながら、経験を積み重ね、それぞれの立場を認めながら展開する活動を通して、子どもたち自身が育ち合う集団となっていくのである。

■遊びを通して育つ自分と仲間関係

　子どもは遊びを通して、仲間との関係を育み、そのなかで個の成長を遂げていく。自分らしいやり方で人やものとかかわりはじめると、周りにいる子どもの遊びに興味を持ち、影響を受け合う。一緒に同じ遊びをしていなくても、友だちの遊びを見て発想を真似し、工夫して取り入れながら、試行錯誤しつつ自分の力を培っていく。成長に伴って、子どもは友だちと遊ぶようになり、ひとり遊びから集団遊びへと発展していく▶17。
　子どもたちは一緒にいるだけでかかわりが広がるわけではない。保育者による仲立ちに支えられながら、さまざまな遊びを子どもたち同士で楽しむようになる。保育者は子どものなかに育ちつつあるものを的確にとらえ、仲間での遊びを継続できる環境であるかを問

4章　個と集団の発達と保育内容

い直し，構成することが不可欠である。保育所保育指針は保育の方法として，次のように明示している ➡18。

> エ　子ども相互の関係づくりや互いに尊重する心を大切にし，集団における活動を効果あるものにするよう援助すること。
> オ　子どもが自発的・意欲的に関われるような環境を構成し，子どもの主体的な活動や子ども相互の関わりを大切にすること。特に，乳幼児期にふさわしい体験が得られるように，生活や遊びを通して総合的に保育すること。

　子どもたちは一緒に活動する楽しさを経験し，互いの思いを表現し，認め合うなかで相互のかかわりは深められ，仲間の1人であることを意識していくようになる。遊びを通して衝突や思い違いを含めたやり取りを重ねていく。その積み重ねが自分の自己肯定感や他者受容を育てるとともに，自己調整能力や社会性を育てる。また，友だちと一緒に遊ぶために，より楽しく展開するための決まりや約束事を作っていくようにもなる。

　やがて，子どもは仲間との関係のなかで徐々に自分を発揮していく。これは仲間のなかで個が成長する過程である。集団のなかで1人ひとりのよさが生かされること，互いの存在やよさを認め合えるようになることが集団の育ちとなる。

　仲間と共に活発に遊ぶなかで，子どもは「目的を共有して協力して遊ぶことを楽しむ」ようになっていく ➡19。葛藤も繰り返しつつ役割を分担し，相互に工夫してつくりあげようとする活動のなかに，子ども1人ひとりの思考力や自立心の育ちがあり，仲間のなかの1人としての自覚を持った活動が生み出されていくのである。その過程を丁寧に見守りながら支えていくことが必要である。

　さらに，保育所保育指針が異年齢グループにも触れているように，保育所では異年齢での活動を取り入れていることも多い ➡20。同年齢ではない子ども同士のかかわりのなかで憧れや思いやり，自己肯定感と責任感などが育っていく。子どもたち1人ひとりの発達過

れた幼稚園教育要領から記されている。

➡17 子どもの人間関係の広がりを集団生活における子どもの行動と遊びの形態の変化としてとらえたパーテン（Parten, M. D.）は，遊びの発達を次の5つに分類する。
①何もしていない行動，②ひとり遊び，③傍観者的行動，④平行的遊び，⑤連合遊び，⑥協同あそび。

➡18 保育所保育指針 第1章「総則」1「保育所保育に関する基本原則」(3) 保育の方法エ・オ。

➡19 幼稚園教育要領 第2章「ねらい及び内容　人間関係」3「内容の取扱い」および保育所保育指針 第2章「保育の内容」3「3歳以上児の保育に関

57

するねらい及び
内容」(2)「イ
人間関係」、幼
保連携型認定こ
ども園教育・保
育要領第2章
「ねらい及び内
容並びに配慮事
項」第3「満3
歳以上の園児の
教育及び保育に
関するねらい及
び内容 人間関
係」参照。

➡20 保育所保
育指針第1章
「総則」3「保育
の計画及び評
価」(2)「指導
計画の作成」イ
(ウ)、幼保連携
型認定こども園
教育・保育要領
第1章「総則」
第3「幼保連携
型認定こども園
として特に配慮
すべき事項」4
(2)ウ。

程と集団の育ちをとらえながら的確に援助し，子どもたちの育ち合いを支えていこう。

　愛情に満ちた保育者との信頼関係を基盤とし，子どもたちは自分の世界を広げ，さまざまな関係を紡いでいく。園生活のなかで自分を核にして，周囲にいる人とのかかわりを広げていく営みを丁寧に支えていくことが不可欠である。そのためには発達過程に適した配慮を踏まえ，個々の豊かな育ちと集団の育ちを目指し，保育内容を見極め，選び取る力が保育者に求められる。子どもたちのなかに相互的で共感的な関係が生み出される過程を多様な側面からとらえ，子どもたちのなかに育てたいものを明確にしながら，その子の持ち味が発揮できる活動を取り入れていこう。

　人とのかかわりを通して子どもを育てるという視点をもって保育内容を厳選し，子どもたちが過ごす園生活の充実を図りたい。1人ひとりが生き生きと輝き，みんなが響き合う集団となる保育を展開していこう。

3　1人ひとりが育つ　みんなが育つ 個の確立と豊かな人間関係

　乳幼児期の保育において個と集団は，決して対立的概念ではない。さらに，個と集団の育ちは，密接に連動していることが，見えてくる。2017（平成29）年の保育所保育指針，「幼保連携型認定こども園教育・保育要領」のなかで，個と集団について，以下のように要約されている。➡21

保育所保育指針第2章3「3歳以上児の保育に関するねらい及び内容」(1)「基本的事項」，幼保連携型認定こども園教育・保育要領第2章第3「満3歳以上の園児の教育及び保育に関するねらい及び内容」──「基本的事項」
　この時期においては，運動機能の発達により，基本的な動作が一通りできるようになるとともに，基本的な生活習慣もほぼ自立できるようになる。理解する語

4章　個と集団の発達と保育内容

彙数が急激に増加し，知的興味や関心も高まってくる。仲間と遊び，仲間の中の一人という自覚が生じ，集団的な遊びや協同的な活動も見られるようになる。これらの発達の特徴を踏まえて，この時期の保育においては，個の成長と集団としての活動の充実が図られるようにしなければならない。

　この基本的事項を踏まえ，個と集団の発達と乳幼児期の保育内容について学ぶこととする。

◀21 保育所保育指針第2章「保育の内容」3「3歳以上児の保育に関するねらい及び内容」(1)「基本的事項」ア参照。

■個の確立に必要な自我の育ち

　乳幼児期の個と集団の発達をとらえる際，個の成長にかかわり，成長を促すとあるが，「個の確立」には自我の働きが大きく関係している。

　子どもの自我は，欲求の自己主張と自己抑制という矛盾する2つの働きがその状況の必要に応じてバランスをとり，機能していくなかで育つ。特に集団の場で，的確な行動をとろうとする働きのことを意味している。そして，この自我は，通常「重要な他者」の期待や態度を取り入れて内面化すると言われている。

　乳幼児期における「重要な他者」とは，一番には母親や父親であり，次に初めての集団生活で出会う保育者であり，やがて友だちというように，その対象が変化し広がりを持つようになる。

　この「重要な他者」が，自分のとった行動に対しどのような態度を示すかによって，子どもは何を期待されているかを察知する。

　特に乳幼児期の子どもは親の顔色をうかがうことで，自分への期待を探ろうとする。「今の行為は，いやな顔をされているな，お母さんの嫌いな行為かな」とか，「今の行為に対してはいつも，温かなまなざしで自分を見てくれるな，お母さん喜んでくれている」など，この「重要な他者」の態度から，子どもなりに評価を読みとろうとする。「今の行為がプラス評価なのかマイナス評価なのか」，そしてこのプラス評価に「重要な他者」からの愛情を感じ，この愛情を

59

失いたくないと考え，その期待どおりに応えようとする。この精神の構えが，「自我」なのである。

「親が期待したように子は育つ」ということは，「重要な他者」である大人との関係性のなかで子どもの自我が芽生えると理解される。すなわち，乳幼児を取り巻く大人のかかわり方が，子どもの自我形成に大きく影響するものと考えられる。

個と集団の発達をとらえるにあたり，まず個が確立するということについて，具体的に保育内容に踏み込みながら考えてみることにする。

事例1 6カ月～1歳児

・個の確立に繋がる保育場面

8月　1歳児のお洗濯

理解のポイント ➡ ここでは，個の育ちと小集団の育ちを，水遊びから，最後の片づけまでを通して，一番身近な保育者が丁寧にかかわっている点に注目してほしい。◀22

➡22 保育所保育指針第2章「保育の内容」2「1歳以上3歳未満児の保育に関わるねらい及び内容」(1)「基本的事項」ア。幼保連携型認定こども園教育・保育要領第2章「ねらい及び内容並びに配慮事項」第2「満1歳以上満3歳未満の園児の保育に関するねらい及び内容」「基本事項」1参照。

8月，保育室を出てすぐの日陰（テラス）で3人の1歳児が，タライに温めの水を張ってもらい，水遊びに夢中である。

軟らかいボールを沈めてはポッと水面に飛び出すことが面白く，何度も繰り返す子，保育者にペットボトルシャワーの水を頭から掛けられ，顔をゴシゴシこすり泣きべそをかくがすぐに泣きやみ，もう一度掛けてと言わんばかりに待っている子，それぞれのかかわりで，水遊びを楽しんでいる。

そろそろ終わりという場面で，「タライのなかでお洗濯しましょう」と保育者が声をかけた。脱いだ自分の水着を持って，3人がタライの水に水着をつける。「ほら，バチャバチャ，バチャバチャ

4章　個と集団の発達と保育内容

お洗濯だよ」と保育者が声をかけると，「バチャ，バチャ，バチャ，バチャ」と答える。何度も何度も繰り返し，タライのなかで水着を濯ぐ。「サヤちゃん，そうそう，バチャ，バチャ」と1人に声をかけると，それに合わせて「バチャ，バチャ」と声をかけてもらっている子どもも側にいる子どもも，嬉しそうに水着を濯ぐ。1人ひとりの遊びだが，常に周りに友だちを感じて"一緒"を味わっている状況がある。「水着を絞るね，はい頂戴」と保育者が手を出すと，1人ずつ順番に手渡して満足気な顔である。

　保育者のゆったりとした振る舞いに安心感を覚え，さらに，温かなまなざしと受け止めてもらっていると感じられる"そうそう"といった声かけに，水遊びをしながら，"自分の物は自分で洗う"という習慣を身に付けていっている。遊びながら自立への第1歩を援助している場面であり，保育者が子どもたちの個の確立を助けている瞬間であった。

> **事例2**　6カ月～1歳児
> ・自由な表現のなかに教育的意義が存在
> 　9月　ボール遊びでの出来事

理解のポイント ➡ 2歳児までの乳幼児保育で，教育の視点に立つかかわりをと，とりわけ意識して保育計画を立案しようとすると保育者は頭を悩ませてしまう。しかし，実は平素の自然な遊びのすべてに教育的視点が含まれており，1人ひとりが育ち，みんなが繋がっていく良好な関係性を育む保育が，毎日展開されている。
　次に紹介するのは，乳幼児の小集団における遊びの場面で，1人ひとりが生き生きと思いを表現するなかで，教育的価値が読み取れた事例である ➡23。
　運動会を20日後にひかえ，保育者が背負っている籠のなかに，

◀23 保育所保育指針 第2章「保育の内容」1

61

「乳児保育に関わるねらい及び内容」(2)「ねらい及び内容」ウ参照。幼保連携型認定こども園教育・保育要領第2章「ねらい及び内容並びに配慮事項」第1「乳児期の園児の保育に関するねらい及び内容」「身近なものと関わり感性が育つ」2「内容」(2)参照。

赤いビニール製のソフトなボールを入れようという遊びが昨日から始まっている。

　保育者は，いずれ「玉入れ」にと保育予想を立てているが，今日の子どもたちの興味は赤いソフトなボールにあった。

ナミちゃん：「いっぱい，いっぱい」と3つのボールを抱えて保育者に見せにくる。《量を意識している行為》

保育者　　：「本当，いっぱい，いっぱいだね」

カズくん　：それを見ていたカズくん，保育者に「ひとつ，ひとつ」と手に持った1個のボールを見せる。《数を意識している行為》

保育者　　：「本当，カズくんのボールひとつだね」と返す。

カズくん　：保育者の認めに，にっこり。《数より先生に認めてもらったことが嬉しい》

アイちゃん：私もと言わんばかりに「ひとつ，ふたつ」と片手にひとつずつボールを持って数えてみせる。《数える行為に発展》

ナミちゃんもカズくんも，アイちゃんのボールを見る。

保育者　　：「あらぁ，アイちゃんのボールふたつだ」と，アイちゃんの方を覗き込みびっくりの笑顔を送る。

　すると，3人一斉に「いっぱい，いっぱい」「ひとつ，ひとつ」「ひとつ，ふたつ」と保育者に見せる。

ユミちゃん：保育者にボールを見せ，「あかいよ，あかいよ」と今度は色について触れている。《色に興味あり》

保育者　　：「あかいね」と認めつつ，隣のミカちゃんにもボールを見せる。

ミカちゃん：保育者にボールを見せてもらった瞬間に「リン

4章　個と集団の発達と保育内容

　　　　　ゴ！」と叫ぶ。《原体験から出たイメージを表現》
　保育者　　：「わぁ，リンゴ，食べたいね」「ムシャムシャ」とリ
　　　　　　　ンゴを食べるまねをする。

　たちまち，5人と保育者で「ムシャムシャ」と"リンゴ食べっこ
遊び"になり，みんなでにっこり。
　「おいしいね」「うん，おいしいね」と目と目で喜び合う。

　1人ひとりが，気づき発見した内容には，保育所保育指針に記載
されている，「内容」そのものが反映されていた。数量や図形，色
に関心を示したり，生活のなかで触れているもの（ここでは，リン
ゴ）をイメージしたりと，教育的意義が多く詰まった保育である。
しかし，子どもたちの思いは，この時間を通して，全員が，保育者
に認めてもらえて嬉しかったということが一番強かった。さらに，
1人ひとりがみんなの様子を見て響いたことで，最後は「あーおい
しい」と，みんなで楽しい時間を過ごすことができイメージの共有
までも図れたことに，喜びを感じたようであった。
　ここで，小集団として，子どもたちの思いを繋いだのは，個々の
育ちを把握し，なおかつ0～1歳児の発達を考慮に入れた保育者の
たとえば「ひとつ，ひとつ」といった，ゆったりとした繰り返しの
言葉がけであり，そっと隣の子どもへも響いていくような巧みな援
助の仕方であった。

事例3　3歳児
・自己主張と自己抑制のバランスについて
　5月　途中入園のクミちゃん

理解のポイント ➡ クミちゃんは，いつもフリルのついたかわいい
スカートをはき，おめかしをして保育所に通園してくる。お母さん

も，いつ見てもおしゃれな服装で保育所の送迎をしている。休日は，クミちゃんを連れてウインドーショッピングをするのが，楽しみだと保育者に話している。

　入園して間もないクミちゃん，保育所の「好きな遊び」の時間に，じっと見つめているまなざしの先は，Tシャツ1枚でドロドロになって砂場で遊んでいる2〜3歳の子どもたちにあった。保育者はしばらくクミちゃんの様子を見ていたが，そっと近づき「クミちゃん，何してもいいよ。何して遊ぶ？」と尋ねた。首を振り俯くクミちゃん。遊びも中盤に差しかかった頃，突然ぎゅっと保育者の手を握り，小声で呟いた。「あのね，遊びたいの」と，砂場を指さした。呟いた瞬間にもまだ迷いを隠せない表情のクミちゃんだった。そこで，保育者は「行こう！　行こう！　砂場楽しそうだね」とクミちゃんの手を繋いだまま，砂場に走り出そうとした。ところが，クミちゃんは再びその場に立ち止まって動かない。「はっ」とした保育者は，「クミちゃんお着替えしに行こう，保育園にはどんなに汚れてもいい服があるのよ」と話した。途端にクミちゃんの表情がかがやき「うん！」と頷き，着替えに走り出した。

　保育者は，「洋服を汚したらお母さん嫌って言うかな」「砂場で遊ぶ私のこと嫌いになるかな」「私は砂場で遊ぶ子じゃないかな，似合わないかな」といったクミちゃんの声が聞こえてきそうで，心が少し痛くなったと，保育点検時に他クラスの担任に話した。この事例でも分かるように，「重要な他者」（クミちゃんのお母さん）の嗜好をクミちゃんは，自分の好みと思っていることで，無意識に自己抑制（砂場で遊びたいけれど我慢しよう）していたのである。お母さんに嫌われない自分であろうとする意識が強かったことが原因である。しかし，同じクラスの子どもたちが，スコップとバケツを持ち，砂を入れたり出したり固めたり，嬉々として遊ぶ様子に心が躍り，自分も砂遊びがしたいと強く思ったのであろう。その後，クミ

4章　個と集団の発達と保育内容

ちゃんは，自己主張することで願いが叶った砂場での遊びを満喫することとなった。「泥んこになってもいいよ。着替えがあるから」という保育者の言葉が救いとなり，保育園では自分の好みや思いを主張してもいいということを，知ることとなった。保育者は，その日の出来事をお母さんに伝え，汚れてもいい服を持参するよう依頼し，お母さんは，快く翌日から着替えを用意した。

　保育者には，クミちゃんの「衣服を気にせず，砂場で思い切り遊ぶ」という育ちに対する保障と，保護者にこの時期の子どもたちの育ちにふさわしい環境を整えることの大切さを知らせていくという，大きな使命があった。何より，クミちゃんが，自分の気持ちを主張できたことは，クミちゃんの自信に繋がり，今後のクミちゃんの人格の形成に大きな影響を及ぼしていくであろうことは容易に想像できる。

> **事例4**　4歳児
> ・同じ場所だが，各々のイメージで，一緒に遊びたい
> 　5月

理解のポイント ➡ 4歳になると，「重要な他者」が，保育者から気の合う友だちへと移行していく。日頃の好きな遊びのなかの，あちらこちらで子どもたちが仲間づくりをしようと小さないざこざを起こしながらも，友だち間で摺り合わせをしたり，折り合いをつけたりしながら遊んでいく ➡24。しかし，まだ自己主張が強く，けんか別れも頻繁に起こる。

　ミユキちゃんとトモちゃんとマコトくんが，砂場で遊んでいる。
　ミユキちゃん：「ねぇ，トモちゃんとマコトくん，今日は3人で
　　　　　　　　パンを焼きましょう」

◀24 幼稚園教育要領第2章「ねらい及び内容」「人間関係」3「内容の取扱い」(1)(2)(3)(5)参照。保育所保育指針第2章「保育の内容」3

65

「3歳以上児の
保育に関わるねらい及び内容」
(1)「基本的事項」ウ, (2)「ねらい及び内容」イ「人間関係」(ウ)「内容の取扱い」②③⑤参照。幼保連携型認定こども園教育・保育要領第2章「ねらい及び内容並びに配慮事項」第3「満3歳以上の園児の教育及び保育に関するねらい及び内容」「人間関係」3「内容の取扱い」(2) (3) (5) 参照。

トモちゃん　　：「はーい，ここでパンつくるから水汲んでくる！」

　ミユキちゃんとトモちゃんは，いつも仲良しで砂場遊びの常連である。ミユキちゃんは，日頃から家庭でお母さんとパンを焼いている。トモちゃんは，そんなミユキちゃんに少し憧れをもち，遊ぶときは，ミユキちゃんの指示に従う場面が多い。今日は，そんなミユキちゃんが，初めてマコトくんを仲間に誘った。マコトくんは3月生まれで，自分の気持ちを言葉で友だちに伝えるのがまだ少し苦手である。思いを説明できない時はモノに当たったり，手が出たりすることもあった。

マコトくん　　：「うん！　一緒に遊ぼう」

　マコトくんは大喜びであるが，パンを焼くという遊びの意味は，よく理解できていないようであった。パンの生地をこねる遊びが，3人のなかでしばらく続いた。ミユキちゃんがマコトくんにさらさら砂糖をパンの生地に振りかけてと言い，マコトくんがパンの生地の上に土足で踏み込み，砂糖をかけようとした時，突然ミユキちゃんが大きな声で叫んだ。

ミユキちゃん：「マコトくんどこを踏んでいるの！　そこは，パンでしょ」

トモちゃん　　：「もう，マコトくんはしないで！」

　何が何だかさっぱり分からないマコトくんは，暫くボ〜ッと2人を見ていた。今の今まで仲間だったのだが，どうやら自分の行動が何か2人を怒らせて，仲間から外されたという状況を感じた。

　不機嫌になったマコトくんを見て，担任の保育者が声をかけた。

保育者　　　　：「マコトくんは，どうしたかったの？」

マコトくん　　：「僕は，どうしたかったんじゃなくて，遊びたかっただけなんだ‼」

　持っていたスコップでパン生地を強く叩くマコトくんを見て，「やめて！」と止める2人。ちょうど，片づけの時間となったが，

マコトくんは砂場から離れがたい様子である。

　保育者　　　：「マコトくん，楽しかったこと全員にお話しして
　　　　　　　　もらうね」
　マコトくん　：途端に笑顔になって「うん！　お片づけする」
　この後，保育室に戻り全員で楽しかったことについて話し合った。
すると，マコトくんが一番に手をあげた。
　マコトくん：「僕，ミユキちゃんとトモちゃんとで遊んだの。
とっても楽しかったよ。ねぇ〜」と2人を見る。
　ミユキちゃん：「そうなの，3人でパン生地をつくりました」
　トモちゃん　：「ミユキちゃんとマコトくんと一緒に，ねぇ〜」

　この事例では，砂場という同じ場所でのパン生地づくりであった
が，それに対する3人の受け止めやイメージには，1人ひとり大き
な個人差がうかがえた。
　家庭での経験豊かなミユキちゃんは，パン生地をつくるというイ
メージと目的を明確に持って遊ぶことが楽しい。
　トモちゃんは，ミユキちゃんと同じ場で，同じ目的を持って遊べ
ることが嬉しい。
　マコトくんは，初めて2人に誘ってもらい「どうしたかったん
じゃなくて，遊びたかっただけなんだ!!」の言葉でも分かるように，
何をしたいかではなく3人で遊べたことが何より嬉しいことだった。
　おまけに，全体の話し合いの時間にも，2人の口から「3人で」
とか，「一緒にねぇ」といった仲間としての承認が得られたことは，
マコトくんにとってはたまらなく嬉しい喜びの日であった。

　保育者はともすると，同じ場で遊んでいる幼児が，個々の発達と
は関係なく同じイメージを持って遊んでいるという大雑把な見方を
してしまう。この日の場合は，パンを焼くという目的に向かって，
3人が遊んでいるというとらえである。

しかし，3人の思いはみんなまちまちであり，それが個々の育ちであることを，保育者として踏まえておくことが大切である。さらに，4歳児クラスになると，個々の育ちをとらえるだけに留まらず，遊び後の話し合いにもあるように，子どもの気持ちは，一緒に遊ぶ・仲間に入っている・みんなで遊べたということに喜びを感じる時期でもあるということにポイントを置き，援助していくことが，大切になってくる。

　事例4のように，4歳児は小グループで群れて遊ぶ時期であるが，「入れて」「入れない」といったトラブルが多発する時期でもある。そんな時，自分たちだけでトラブルを解決できない段階の子どもが，「重要な他者」としての保育者に依存し助けを求めにくる場面をよく見かける。

　保育者が，その状況の前後を把握せず「どうして入れてあげないの？　あなたがそうされたらどんな気がすると思う？」と子どもに詰め寄り，解決にならない決まり文句を言うよりも，この事例のように，子どもが仲良く遊べた時に，「一緒に遊ぶの，よかったね」と認める方が，子どもも相手を受け入れる気持ちになり，何倍も子ども同士が繋がる良好な援助となる。「みんな仲良く」の建て前を振りかざしても4歳児には通じず，必死にかかわったわりには徒労に終わることもある。事例4のように「何がしたかったの？」と聞いた時，「ただ遊びたかっただけなんだ」と子どもから返ってきたように，保育者は子どもの内面の思いが読みとれず意味のなかった言葉がけや援助だったと意気消沈することになる。そこで，トラブルの最中に，保育者が，子どもたちの入れたくない気持ちの理解をする・入れてもらえない原因を探る，互いの気持ちが歩み寄ることが無理な段階では，機転を利かせ他の遊びや次の活動に誘導し，気分転換を図る等の手だてや援助を意識することが必要である。子どもたちの社会性を育むためには保育者として，ソーシャル・スキ

ル・トレーニング（SST）■25 の方法を熟知しておくことも大切である。

4　多様な個性を楽しめるクラス経営　温かな雰囲気づくり

　個と集団の発達をとらえながら，豊かな人間関係を育む保育について考えてきたが，乳幼児期に育てなければならないことは，子どもたちのその後，5年後10年後の育ちを見通して，今，目の前の子どもたちの何を育んでいく必要があるかを明確にしていくことである。

　乳幼児期を過ぎ，学童期を過ぎて思春期に入る頃の子どもたちの間では，学力の高低よりも人間的魅力の方が重視されるようになるという。特に，ユーモラスな子どもに好感度が高い。日本人は，ユーモアやジョークのセンスが世界のなかでも乏しいと言われてきた。しかし，これらのセンスが，人間関係を円滑にしていく重要な要素であることも否めない。

　人間的魅力を持ち自己アピールのできる人になるには，乳幼児期からの社会的能力の育成が重要となる。乳幼児期における社会的能力を具体化すると，自己表現力・自己コントロール力・コミュニケーション力・状況判断力・問題解決力・親和的能力・思いやりなどであり，「生きる力」とされている力の土台と言われるものであろう。

　幼児期の最終学年5歳児には，1人ひとりみんな同じという画一的なパーソナリティーの育成にならぬよう，保育者は十分注意を払いクラス経営をしていく必要がある。つまり，1人ひとりの個性が尊重され，良さが生きるクラス経営を行うことが，子どもたちの今後の人間関係力に大きく影響を及ぼしていく。

　以下は，保育者として個々の子どもの特性を生かしつつ，5歳児

■25 ソーシャル・スキル・トレーニング（SST）とは，発達に軽度の遅れや偏りがある子ども，または，はっきりとした診断はないが「友だちとうまくかかわれない」「集団行動がとれない」「空気が読めない」といった社会性の課題を持っている子どもに，ワークシートなどを活用して意図的な指導を行う支援方法のことである。認知行動療法と社会学習理論を基盤に，集団のなかで求められている適切な言動がとれる技能が身に付くように，日常生活への般化を促すトレーニング法である。

クラスとして自発性が育つ明るく自由な雰囲気を大切にした保育展開の工夫に取り組んだ事例である。

事例5 クラスのムードメーカーの存在 5歳児

・ユーモアいっぱい 笑わせ上手

9月

理解のポイント ➡ 5歳児も9月になると，それぞれの個性を互いが認め合う時期になってくる。遊びの内容も，みんなで協力して考え合い競争したり，話を繋げたりといった言葉遊びを楽しむ。

4月進級の頃，トオルは1人でいることが多かった。独自の世界を持っているように見えた。急に1人でぶつぶつ言っているかと思うと，うふふと笑う，周りからちょっと，不思議な子と思われていた。ところが，9月の誕生会に向けて，クラス全体で出し物を考えようということになったが，いいアイデアが浮かばず，みんな困っていた時，トオルが楽しいアイデアを出した。

　　トオル：「リズムに乗せて，ジョーダン考えようよ」

　　カエデ：「ジョーダンって？」

　　トオル：「たとえば，カッターで切ったら 痛カッターとか」

　　全員 ：「面白ーい 他には？」

　　トオル：「タイガーが噛んだら，イタイガー」

　　保育者：「トオルくん，面白ーい」

　　サトシ：「僕も考えた！ カエルが鳴くからかーえろ」

　　全員 ：「あれー，聞いたことがあるよ」

その翌日トオルは，クラスの本棚から五味太郎の絵本を取り出した。

保育者は，5歳児の発達が言葉に関して強い興味を示すことを理解しており，日頃からさまざまなジャンルの本による環境設定をし

4章　個と集団の発達と保育内容

ている。保育者は，以前から，トオルが何度も開いている絵本が
あったことを思い出し，教育的意図を明確に持ち，本棚の一番前に
言葉遊びの絵本を準備して，トオルの反応を見たのである。

　　トオル：「この絵本ジョーダンみたいなのがたくさん載っている
　　　　　　よ」

　　　　　　（なったら　なった　5歳に　なったら　ラッパが　なった）

　　カエデ：「すごい！　長いのに　なんか歌みたい」

　　サトシ：「思いついた！　のりを食べたらおいしくてなんだか急
　　　　　　にノーリ　乗り　ってどう？」

　　マサエ：「いるか　いないか　いないか　いるか　知っている？」

と，わぁわぁ言いながら，全員でジョーダンを考え始める。

　誕生会では，全員でいくつものジョーダンをリズムに乗せて披露
した。それ以来，何処かでトラブルが起きても，トオルがその横を
そっと通りながら，楽しいジョーダンを言うとそれが仲直りの合図
やきっかけとなり，ワハハと笑って丸く収まる。

　こういった，クラスのムードメーカーの存在がクラスの輪をつ
くっていく。"トオルくんは，面白い，トオルくんの側にいると楽
しい"と，クラス全員が，トオルのさりげないやさしさと面白さを
感じ，"楽しいトオルくん"と認めるようになった。

　個性を認めることで，クラスのなかでの居場所を1人ひとりが感
じ，さらにクラスにその個性を生かそうとする温かで心地の良い
雰囲気が生まれる。その個性を生かして，クラスの遊びが生まれ，
ユーモアの分かる楽しくて温かなクラスへと集団の質に変化が生じ，
磨きがかかる ➡26。

　このように事例を見ていくと，個の育ちと集団の育ちが絡まりな
がら，関係性を持ちながら成長していく様子が分かる。最後の事例
では，相手の特性を認め，ジョーダン探しの遊びがパイプ役になり，

◀26 幼稚園教育要領第2章「ねらい及び内容」「人間関係」3「内容の取扱い」(2)参照。保育所保育指針第2章「保育の内容」3「3歳以上児の保育に関わるねらい及び内容」(2)「ねらい及び内容」イ「人間関係」(ウ)「内容の取扱い」②参照。幼保連携型認定こども園教育・保育要領第2章「ねらい及び内容並びに配慮事項」第3「満3歳以上の園児の教育及び保育に関するねらい及び内容」「人間関係」3「内容の取扱い」(2)参照。

71

集団のなかで友だちとしてのかかわりが深まっていく様子が見て取れる。

　クラスのなかには，虫博士もいれば，恐竜博士，折り紙名人もいる。金づちやのこぎり・はさみやホッチキスを使わせたら一番と，みんなが認める道具使いの名人も現れるというように，保育者は，個々の子どもたちがクラスのなかで，ピカッと光る，周囲から認められ必要とされていると感じることができる機会を保育のなかにタイミングよく投げかけ，クラスの雰囲気作りの工夫をしていくことが求められる。また5歳児になると，身の回りの社会に対する視野・情報も広がる。近くにできたお店屋さんの話題に始まり，テレビのニュースから地震や台風の被害にあった人々のことを思いやる心も芽生えてくる。たとえば，5歳児の発達として，言葉からの情報を巧みに生活のなかに取り入れることができるといった特性が見えてくる。

　つまり，5歳児は，自分の思いを言葉というツールを媒介にして表現し意思の疎通を図り，その思いの実現に向け，友だちと関心や問題意識を持ちながらアイデアを保育内容に取り入れていける。また，視野の広がりを大切にしながら遊びの創造に向かうことができていく時期と言える。こうして子どもたちは，個を尊重する集団生活を通して，周りの人々と支え合い，認め合い，楽しみを共有しながら生きていく存在であることを学んでいく。また，社会や地域共同体の一員としての意識も形成していく。最後に，「個を尊重した集団づくり」における保育者の支援のあり方についてを，『子どもの心によりそう　保育原理』より引用したい。その中心的観点は以下の3点である。

　①1人ひとりを大切にする《個々に対する愛情》
　②子ども相互の関係作りや他者を自覚する心を育む《他者理解》
　③「1人ひとりが違っていい」という認識のもと，協同的な遊び

の支援を行う《"あなたでなければ"という信頼感をベースに》

　個々の特性を尊重し生かしながら集団として保育の共創を行う楽しさを味わうことができるように，保育者は，常に個々の思いが尊重され生かされている質の高い集団であるかを意識したいものである。なおかつその保育内容が，小学校以降の学びの土台づくりとなっているかも意識していきたい。保育者は，常に明るく，居心地のいい，温かな愛情に包まれているクラスづくりに励まなくてはならない。すべては明るい未来を担う子どもたちのために。

参考文献

岩田純一『子どもの発達の理解から保育へ――＜個と共同性＞を育てるために』ミネルヴァ書房，2010

NPO フトゥーロ LD 発達相談センターかながわ編著『あたまと心で考えよう SST ワークシート――自己認知・コミュニケーションスキル編』かもがわ出版，2010

NPO フトゥーロ LD 発達相談センターかながわ編著『あたまと心で考えよう SST ワークシート――社会的行動編』かもがわ出版，2010

五味太郎『絵本ことばあそび』岩崎書店，1982

汐見稔幸「論説　幼児の自我形成と集団」『幼稚園じほう』1999 年 11 月号

菅原ますみ『個性はどう育つか』大修館書店，2003

鈴木昌世編　『子どもの心によりそう　保育原理』福村出版，2012

野村芳兵衛『野村芳兵衛全集 7　幼児教育論集』黎明書房，1973

ミネルヴァ書房編集部『保育所保育指針　幼稚園教育要領――解説とポイント』ミネルヴァ書房，2008

無藤隆『保育の学校＜第 1 巻＞保育の基本と学び編』フレーベル館，2011

森上史朗・今井和子編著『集団ってなんだろう』ミネルヴァ書房，1992

森上史朗・今井和子・田中泰行他『個と集団を生かす保育とは』フレーベル館，1997

5章 保育における観察と記録

1 子どもを見る

斎藤喜博 ▷1 は,『教育学のすすめ』▷2 のなかで,「教育とか授業とかにおいては,『見える』ということは,ある意味では『すべてだ』」と述べている。それは,「見える」ということは,「教師としての経験と理論の蓄積された結果の力」であり,「一人一人の子どもの反応を深く見つめ,それに対応することのできる教師としての基本的能力」であるからだと言う。

これらのことは,授業を保育に置き換え,教師を保育者としても,同様なことが言えるだろう。子どもを見ることは,保育の出発点である。

では,保育施設において,保育者は,どのように子どもを見ていくことが求められているのか,具体的に考えてみよう。

■あるがままの姿を見る

倉橋惣三の『育ての心』「ひきつけられて」▷3 である。

子どもがいたずらをしている。その一生懸命さに引きつけられて,止めるのを忘れている人。気がついて止めてみたが,またすぐに始めた。そんなに面白いのか,なるほど,子どもとしてはさぞ面白かろうと,識らず識らず引きつけられて,ほほえみながら,叱るのをも忘れている人。

実際的には直ぐに止めなければ困る。教育的には素より叱らなければためにならぬ。しかも,それよりも先ず,取り敢えず,子どもの今,その今

▷1 斎藤喜博
(1911〜1981)
群馬県出身。小中学校の教師,小学校長として勤務。後に,宮城教育大学教授。子どもの可能性をひらく授業の創造や教師教育に尽力。

▷2 斎藤喜博
『教育学のすすめ』筑摩書房,1969。

▷3 倉橋惣三
『育ての心 (上)』フレーベル館,2008。

5章　保育における観察と記録

の心もちに引きつけられる人である。

　それだけでは教育になるまい。しかし，教育の前に，先ず子どもに引き
つけられてこそ，子どもへ即くというものである。子どもにとってうれし
い人とは，こういう先生をいうのであろう。側から見ていてもうれしい光
景である。

　たとえば，幼い子どもが，まるで小さな科学者のような目をして
ダンゴ虫の歩くさまをじっと見つめている。水鉄砲を持った子ども
たちが，勢いよく飛び出す水の面白さに夢中になって，遠くまで飛
ばすことに挑戦している。ままごと遊びでお母さん役の女児が，甲
斐甲斐しく赤ちゃんの世話をしている。

　このように，保育施設は，子どもたちのわくわくする気持ちや生
き生きとした姿があふれている。そんな子どもたちの様子を，共に
生活する１人の人間として，心の目で見ていきたい。時には，自分
の思いが通らずに癇癪を起している子どももいるだろう。友だち
といさかいになったのか，大粒の涙を流している子もいるだろう。
嬉しい気持ちも悲しい気持ちも，楽しいことも困ったことも，すべ
てが子どもたちにとっての生活である。

　まずは，子どもたちのあるがままの姿にひきつけられる保育者で
ありたい。

■内側から見る

　保育室で，突然，子どもの泣き声がする。「うわっー，タカちゃんが
……」，その声は大きく響く。「あらあら，どうしたの？」と言いながら側
に駆け寄った保育者には，泣いている子どもの隣でたたずんでいる困った
表情のタカキの姿が目に入る。「また，タカちゃんなの？」思わず，そんな
声が漏れる。

保育者は，「タカちゃんが，また，何かしたのかしら……。本当

75

に，いつもお友だちに手を出すのだから」などと思いながら駆け寄ってきたのだろう。不用意に「また」という言葉が出てしまう。「タカキは，友だちにすぐに手を出す乱暴な子ども」と思い込んでいる。保育者にそう思われているタカキは，幼い心の中で何を感じているのだろうか。

クラスのなかには，友だちに乱暴な振る舞いをしたり，周りの人に迷惑をかけてしまったりする子どもがいる。彼らは，決して「乱暴な行動をしよう」「人に迷惑をかけたい」などと思って生活しているわけではない。むしろ，そのようにしか，振る舞うことのできない自分自身に対して，誰よりも悲しい気持ちを抱いている。しかし，自分自身の背負っているものや抱えているものがあまりに大きく，自分の思いを素直に表すことができず，その結果，周りの人から「乱暴な子」「大人の言うことを聞かない子」などと評価されてしまう。

佐伯胖は，このような見方を，子どもを「外側から見る」と表現しており，子どもを見ているようなフリをしながら，実は子どもの内的事情をあえて「見ない」で，特定の枠組みにしたがって判定をしていると言う ➡4。

➡4 佐伯胖編集委員『「わかり方」の探究』小学館，2004。

さらに，「外側からの目」を子どもの「内側」から感じ直すと，四方八方から矢を射られるように，攻め立ててくるものとして感じられ，そして，絶望感，無力感，孤独感におそわれると述べている。この場合，保育者に「また，タカちゃんが悪いことをしたのでしょう」と思われている，タカキのやるせない気持ちが伝わってくるようである。

佐伯の言葉を借りるなら，タカキのような「手のかかる子ども」こそ，「内側から見る」ことが大切である。友だちを思わず叩いてしまった自分自身のどうしようもない気持ちをもて余しているタカキ。それでも，そのような行為でしか自分の苦しさを表出できない，タカキの存在そのものに，保育者が自分自身の存在を重ね合わせて，

受け入れてみよう。タカキのやるせない気持ちに寄り添い，その行為の背後に隠れているタカキの心を理解してみよう。保育者が，タカキの心を受容し，「もっともなことだ」と実感したとき，タカキは，傍らにいる保育者が「ぼくのことを理解してくれる信頼に値する人」だと感じられるのである。

■学生の見たもの——蝶になって遊ぶ子

教育実習を直前に控えた学生が，幼稚園を参観した時の記録である。この学生は，園舎の裏側の小路で女児の傍らにしゃがんでいた。そして，とても穏やかな表情で，じっと女児の姿を見つめていた（図5-1）。

図5-1 蝶になって遊ぶ子と学生

6月7日（金）4歳児
　マユは，「虫捕りに行こう」と言って，蝶のように手をひらひらさせて走って行った。蝶を見つけると，静かに息を殺して両手を被せ，蝶を捕まえようとした。しかし，どの蝶も，手の間を抜けて飛んで行ってしまう。何度も挑戦しているうちに蝶はほとんどいなくなった。私が，「そこにいるよ」と伝えると，「この子はだめ。羽がぼろぼろだから」と言った。
【考察】
　マユの様子を見ていると，蝶を捕まえることではなく，手の間から蝶が逃げていくことを楽しんでいるように見えた。一方的に捕まえてしまうことではなく，蝶に気づかれないようにそっと自分が動いたり，蝶が自分に気づいて飛び立ってしまう姿を見たりすることを楽しんでいた。何度か蝶が捕れそうな時があったが，マユは，被せた両手に少し隙間をつくり，蝶が飛び立っていく姿を見ていた。その時，私は，マユは，蝶を捕まえようとしているのではなく，蝶と一緒に遊ぶことを楽しんでいるのではないか

と感じた。

女児の様子に見入っている学生の姿が印象的だった。女児の蝶へのかかわりを，その女児の心に寄り添い見ていたからこそ，「蝶と一緒に遊ぶことを楽しんでいる」と感じられたのだろう。

倉橋は，「子どもは心もち [5] に生きている。その心もちを汲んでくれる人，その心もちに触れてくれる人だけが，子どもにとって，有難い人，うれしい人である。」[6] と言う。子どもの世界に寄り添い，心を近づけていくことによって，はじめて，子どもの見ている世界が同じように見える。

これまで，側に寄り添い，共感的なまなざしで子どもを見つめることの大切さについて述べてきた。しかし，保育施設には，子どものすぐ傍らで温かい目を向けることだけでは，見落としてしまうことがある。次節では，子どもをより深く理解しようとする際の距離感について考えてみたい。

2 距離を変えて見る

■離れて見る

保育施設において，おもちゃや順番の取り合いなどによる子ども同士の衝突やいざこざは日常的なことである。そうしたいざこざが起きると，保育者は，それぞれの子どもの言い分を聞き，思いを受け入れたのち，解決の糸口を探っていくことになる。子どもたちの思いを伝えたり，繋いだりしていくのである。

しかし，時に，仲裁に入ったはずの保育者が，いつまでもその場にとどまり，子どもたちの言い分を聞き続けている場面に出会う。子どもの思いに共感すればするほど，どう折り合いをつければよいのか保育者自身が分からなくなってしまう。こうした場合，周りを

[5] 「心もち」とは，感じていることや思っていること。気持ち。気分。

[6] 前掲書『育ての心（上）』フレーベル館，2008。

取り囲んでいた子どもたちも，自分たちで考えていたはずの，その問題の解決が，まるで他人事のようになってしまうことがある。

　1人ひとりの子どもの思いに耳を傾け，共感し，丸ごと受け入れていくことは大切なことである。しかし，あまりに子どもたちとの距離が近すぎて，かえって子どもの姿が見えなくなってしまっていることはないだろうか。保育者自身が，「そうだね，そうだよね」と，物理的な距離や心理的な距離を近くに置きすぎる場合，子どもたちが，自分たちの力で前に進もうとすることを阻んでしまうこともある。

　いつも，すぐ側で真正面から子どもに向き合うのではなく，あえて，少し離れた位置で見守り，子どもたちが自分の気持ちに折り合いをつけたり，立ち直ったりすることを遠くから見守ることも大切である。

■遊びを見る

　保育者にとって，1人ひとりの子どもを理解し，健やかな育ちを願いながらかかわっていくことは，何より重要なことである。たとえば，自分のやりたいことを見つけられずにいる子どもには，遊びを提案し，なかなか友だちとの関係を広げられない子どもには，友だちとのやり取りの仲立ちをする。また，乱暴な振る舞いの多い子どもには，話して聞かせる。

　このように，1人ひとりの課題に対して直接的なかかわりをすることに合わせて，子どもたちの遊びを充実させることで，間接的に子どもの育ちを促すことも，重要な保育の在り方である。思わず「やってみようかな」と心が動く教材や教具などを準備することにより，遊びに誘うことができるだろう。友だち同士のかかわりが自然と生まれてくるような遊びを提供し，友だち関係の広がりを支えていくこともできるだろう。夢中になって取り組める遊びを通して，マイナスに見える行動をプラスのエネルギーへと変えていくこともできるだろう。

保育所保育指針には，「子どもが自発的・意欲的に関われるような環境を構成し，子どもの主体的な活動や子ども相互の関わりを大切にすること。特に，乳幼児期にふさわしい体験が得られるように，生活や遊びを通して総合的に保育すること」[7]とある。幼稚園教育要領にも，「幼児の自発的な活動としての遊びは，心身の調和のとれた発達の基礎を培う重要な学習であることを考慮して，遊びを通しての指導を中心として第2章に示すねらいが総合的に達成されるようにすること」[8]と記されている。幼保連携型認定こども園教育・保育要領にもほぼ同様の記載がある。

「子どもは，遊びを通して育つ」のであり，保育者は「遊びを通して子どもを育てる」のである。そのように考えると，遊びが楽しく充実したものとなるように，教材研究を行い，環境を整えるなど，遊び全体を構造的に理解することが重要である。保育者には，時間の流れのなかで遊びを見通す力，空間的な広がりのなかで遊びの繋がりを見渡せる力，1人ひとりの子どもの学びや自己充実感を見極める力などが求められる。

保育者が，子どもをよく見ることと，そして，子どもの遊びを見ることのふたつが両輪となってこそ，子ども1人ひとりの育ちを支える保育になると言えるだろう。

■ **子ども同士の関係性を見る**

次の文章は，保育経験2年目の保育者が書いた記録[9]の抜粋である。

近いところに立っているその場所から，1歩下がって子どもを見る。すると，その1人の子を囲む人たちが見えてくる。集団の中の1人として見えてくる。集団の中で心を揺らしている姿が見えてくる。そして，その子を囲む集団の中の子どもたちの全てと，かかわりが見えてくる。

---

[7] 保育所保育指針 第1章「総則」1「保育所保育に関する基本原則」(3) オ。

[8] 幼稚園教育要領 第1章「総則」第1「幼稚園教育の基本」。

[9] 香川大学教育学部附属幼稚園研究紀要『幼児期の学びについて考える』2003。

5章　保育における観察と記録

　彼女は，この記録を書く以前，「子どもたちのことをすべて理解したい」と願い，「私が何とかしてあげなくては……」と，懸命に保育に取り組んできた。子どもたちの暮らしのすべてにかかわっていきたいと思うあまりに，子どものすぐそばで目を凝らすように内面を見ようとしていた。前節の佐伯の言葉を借りるなら，すべての子どもの内側に入り，子どもの思いに浸ろうとしていた。そのため，子どもの内面が少しずつ見えるようになってきたが，その子の友だちとのかかわりや，子ども集団が育ちつつあることの手ごたえは感じられなかったようである。

　保育では，子どもと共に生活や遊びをつくっていくことを通して，子どもたちが互いに伸び合い，高め合うことのできる豊かな集団づくりを行っていくことが重要である。つまり，保育者は，1人ひとりの子どもを深く見つめることとともに，子ども同士の関係性や集団としての育ちを広く見ていくことも必要である。

■近づいたり離れたり

「1本の木を見ながら，森全体も見る。森全体を見ながら，1本の木も見る」◀10

　映画のなかで，登場人物がアップで映されているシーンが，やがて遠景へと引いていくことがある。カメラのズームの機能である。

　このように，保育者もまた，子どもの内面に寄り添いつつ，時には，自分自身の立ち位置をあえて子どもから遠ざけ，子どもと距離をおき，遊び全体を見渡したり，集団のなかでの関係性を見たりすることが大切である。つまり，自分の目にズームの機能を働かせ，日常的な保育のなかで，子どもの姿を多面的・重層的に見ることが求められている。

◀10　「木を見て森を見ず」（ことわざ）。木を見て森を見ずとは，物事の一部分や細部に気を取られて，全体を見失うこと。

▸11 Plan（計画）→ Do（実践）→ Check（記録・評価）→ Action（改善）の4段階を繰り返すことによって，保育実践を継続的に改善すること。

▸12 前掲書『育ての心（上）』フレーベル館，2008年。

3 PDCAサイクル ▸11──明日へ繋ぐ保育実践

■記録（書くこと）の意味

　子どもたちが帰り，1日の保育が終わる。ほっと一息つくと，1日の出来事が走馬灯のように思い出される。倉橋は，そのときのことを，「われながら，はっと顔の赤くなることもある。しまったと急に冷や汗の流れ出ることもある。ああ済まないことをしたと，その子の顔が見えてくることもある」▸12 と言う。

　この思い起こされるたくさんの出来事は，明日になれば子どもたちとの生活のなかで忘れられていく。だからこそ，今，頭のなかを過るさまざまな出来事と，保育者自身の思いを記録しておきたい。書くことを通して，保育中には無意識だった子どもの思いに気づくことができる。保育者自身の見方や子どもへのかかわりを反省したり，明日に向かってより良い実践の方向性を見つけたりすることができる。このような振り返りこそ，明日の保育へと繋がっていくものなのである。

　記録を継続することで，点として存在していたさまざまな出来事が，線となり繋がっていく。そのことにより，遊びや活動のなかでの子どもの学びや育ちの連続性について，深く考えることができるようになる。

　また，可視化された記録は，他者（同僚や保護者など）と共有することが可能な資料となり，時間を経たのちにも，さらなる振り返りを生むことになる。

　つまり，記録することは，保育中に子どもとかかわることと同じくらい，保育者にとって重要な意味を持つ行為であると言える。では，実際にはどのような方法で記録をすればよいのだろうか。次に，4つのポイントを紹介したい。

■記録をする

① 「書いておきたい」と思ったことを書く。

　「書かなければいけない」から義務感で書いた記録は，子どもや保育への思いが感じられない。保育とは，子どもと保育者との関係性のなかで行われる営みである。日々の生活のなかで，嬉しかったことや面白かったこと，時には困ったことや悲しかったことなど，書き残しておかずにはいられない気持ちで，記録を書きたいものである。

② 出来事とともに子どもの内面や保育者の内面も素直に書く。

　記録を書いている時は，1日の保育を振り返り保育者である自分自身と向き合う時間でもある。事実だけではなく，その時に自分が思ったことや感じたことなどを素直に書いておこう。目には見えない心情の揺れや動きを素直に書き起こそう。また，子どもの内面に思いを馳せ，「〜思っていたのかな」「〜感じていたのだろうか」と書き残しておくことも大切である。そうすることで，自身の保育の課題が見えてくる。また，時間を経て読み返した時に，もう1度記録をした時の自分と自己内対話をすることができ，より深い振り返りが可能となる。

③ 短時間で負担なく，継続できるように書く。

　1日の保育を終えても，明日の保育の準備や園務分掌の事務作業など，保育者の1日は忙しい。記録ノートを前にして，多くの時間を費やすことはできない。なるべく短時間で，負担にならないように記録をしていくことが，継続の秘訣であろう。毎日続けていると，書いておきたいことや書かずにいられないことが鮮明に蘇るようになり，おのずと短時間で記録できるようになる。また，自分なりの記録の方法を工夫することも可能になる。

④ 写真を添える。

最近では，デジタルカメラなどで保育中の子どもの様子や子どもの作品などを残しておくことが，日常的なことになっている。ポケットにしまったカメラをさっと取り出して記録として撮っておこう。

1枚の写真に，その時の状況と保育者の思いを添えておくだけでも，重要な記録になる。写真を比べたり繋いだりすることで遊びや活動の面白さや連続性を発見することもできるだろう。そして，同僚との話し合いの貴重な資料になったり，クラス便りの紙面に掲載したりすることもできる。

■実践を振り返る──記録を生かす

記録を継続していると，記録すること自体が楽しくなってくる。書きたいことや書き残しておきたいことが，次々と見つかってくる。しかし，記録をすることが目的ではない。記録のための記録になっては意味がない。記録が，次の実践の計画に生かされ，また新たな実践へと繋がっていかなければならない。記録を書くことを通して保育を振り返り省察することが，「計画→実践→記録（評価）→改善→計画……」の循環（PDCA サイクル）のなかに位置づけられていくことが大切である。

4 保育者である私自身を見る
──未来へ繋がる保育のために

■同僚と交流する──支え合う関係の構築

職員室に各クラスの記録ファイルを保管し，誰でも閲覧自由にしている保育施設がある。また，保育施設の環境マップのなかに，遊びを振り返った記録メモを貼り付け，互いの遊びの計画に生かしている保育施設もある。写真を掲載して作成した遊び記録を掲示・回

5章　保育における観察と記録

覧し，同僚保育者が互いに付箋紙でコメントを添え合う保育施設も
ある。それぞれの保育者の実践が，可視化された記録として表され
ることにより，同僚との情報交換や情報共有の貴重な資料となり得
る。

　さらには，個々の保育者の保育課題や，気になる子どもへのかか
わりなど，保育者同士のカンファレンス▶13を行う際にも，記録
を通して話し合うことができる。

　秋田喜代美は，「記すことと物語ることは，園内研修の両輪であ
る」▶14と言う。記録を書くことの積み重ねが，子どもの育ちや
学びに対する豊かな語りを生み，保育者の資質の向上に繋がるので
ある。

■家庭との連携を図る

　何気ない子どものつぶやきや，ありふれた日常生活の一場面に，
保育者がハッとする瞬間がある。子どものことが愛おしくてたまら
ないと思える時である。保育者の胸の内にだけしまっておくのが
もったいなくて，ぜひ，保護者の方にも伝えたいと思う。素敵な子
どもの姿や遊びの様子を，園便りやクラス便りに掲載する。

　また，日々の記録を重ねていると，子どもの育ちの道筋が見える
時がある。出欠ノートのお知らせ欄や連絡帳などに，育ちつつある
姿を書き綴って，保護者の方に知らせる。

　保育者の思いを家庭に伝えていくことにより，保護者が保育に対
する理解を深めたり，子育てのヒントを得たりすることができ，保
育者と保護者との温かな信頼関係づくりに繋がっていく。

■育ちを繋ぐ

　幼稚園においては幼稚園幼児指導要録，保育所においては保育所
児童保育要録，幼保連携型認定こども園においては幼保連携型認定
こども園園児指導要録を作成し，小学校等の進学先に送付すること

▶13 カンファ
レンスは臨床医
学や臨床相談の
概念であり，
1980年代後半
に森上史朗によ
り保育に取り入
れられた。同僚
と意見交換や協
議を行うことに
より実践を振り
返ったり，解決
への方向性を探
ったりすること
ができる。

▶14 秋田喜代
美『保育のおも
むき』ひかりの
くに，2010。

がそれぞれ定められている。

　これらはいずれも子どもの育ちを，それ以降の生活や学びへと繋げていき，小学校等において児童の理解を助けたり，指導に活用したりすることを目的としている。そのため，作成に当たっては，1人ひとりの子どものよさや全体像が伝わるように工夫するとともに，小学校への訪問や教員との話し合いなど，直接顔を合わせた意見交換を行ったり，必要に応じて個別の記録ファイルなどを添えたりすることも大切である。

■保育者である私自身を見る

　保育者は，目の前の子どもの姿を，意味のあるものとしてとらえ，言葉に表したいと考える。しかし，それぞれの保育者は，保育の経験年数やその人の保育観・子ども観などにより，子どもを見る時の枠組みや視点が異なっている。

　「子ども理解」とは，ただ子どもを理解しようとするだけでなく，現実には，子どもをそのように見ている自分自身の枠組みに気づくことである。文部科学省『幼児理解と評価』▶15 には，次のように記されている。

▶15 文部科学省『幼稚園教育指導資料第3集 幼児理解と評価』ぎょうせい出版，2010年7月改訂。

　教師が目の前の幼児をどのように理解するかは，教師自身の保育に対する姿勢や幼児の見方によって左右されます。教師は保育の中で幼児の言動から幼児の心の動きや発達する姿をとらえようとして記録をとりますが，そこに見られる幼児の姿は，教師がその幼児をどのように見てきたか，そして，どのように接してきたかという教師の姿勢を映し出したものにほかならないのです。

　子どもたちが懸命に生きている姿に正面から向き合うことのできる保育は，楽しい。奥深いがゆえに楽しい。だからこそ，保育者は，子どもを見る時の見え方を自覚することにより，偏りがちな自身の見え方を修正し，多様な意見を取り入れようとする構えを持たねばならない。子どもに向き合うということは，常に自分自身と対峙す

5章　保育における観察と記録

ることでもある。今，ここに生きている子どもを，柔らかな心で見
つめていきたい。

参考文献
青木久子，間藤侑，河邉貴子『子ども理解とカウンセリングマインド
　　──保育臨床の視点から』萌文書林，2001
秋田喜代美『保育の心もち』ひかりのくに，2009
今井和子編著『保育を変える　記録の書き方評価のしかた』ひとなる
　　書房，2009
大宮勇雄『学びの物語の保育実践』ひとなる書房，2010

6章 養護と教育が一体的に展開する保育

1 保育とは——養護と教育が一体的にされること

　保育者は，家庭の代わりに子育てをしていると言える。実際の保育場面における衣服の着脱では，保育者は乳児が脱ぎやすいようにボタンをはずすなど手伝ったり，自分から脱いだり着たりしたときに「上手に脱げたね」と褒めたりする。この場合，手伝う行為は「養護」的な側面であり，褒める言葉がけは「教育」的な側面にあたる。この例のように「養護」と「教育」は別々に指導されず，日々の保育場面において一体的に展開されるものである。

　2017（平成29）年に改定された「保育所保育指針」は，「養護と教育の一体的に展開する」ことを特に強調している。「保育所は，その目的を達成するために，保育に関する専門性を有する職員が，家庭との緊密な連携の下に，子どもの状況や発達過程を踏まえ，保育所における環境を通して，養護及び教育を一体的に行うことを特性としている」としている。ここで「養護」と「教育」それぞれについて簡単に説明しておきたい。同指針の保育の内容において，「保育における養護とは，子どもの生命の保持及び情緒の安定を図るために保育士等が行う援助や関わりであり，教育とは，子どもが健やかに成長し，その活動がより豊かに展開されるための発達の援助である。保育士等が，ねらい及び内容を具体的に把握するため，主に教育に関わる側面からの視点を示しているが，実際の保育においては，養護と教育が一体となって展開されることに留意する必要がある」と示されている ■ 1。

■ 1　保育所保育指針 第1章「総則」，第2章「保育の内容」。

88

6章　養護と教育が一体的に展開する保育

子どもの生命保持，情緒の安定にかかわる養護的側面と，子どもの成長にかかわる各領域（乳児保育：3領域，1歳以上3歳未満児の保育及び3歳以上児の保育：5領域）から構成される教育的側面が，切り離されて展開するのではなく，一体的に展開するものである。

一方幼稚園では，この「養護と教育が一体的に展開する」ことについて触れられていない。しかし，学校教育法においては「幼児を保育し，幼児の健やかな成長のために適当な環境を与えて，その心身の発達を助長することを目的とする」と規定している。ここで注目されたいことは，「幼児を保育し，……」というところである ➡2。

➡2　学校教育法 第3章 第22条。

ところで世界では，この「保育」という言葉はどのように使用されているのだろうか。「保育」という用語は，early childhood care and education と訳されている。care とは，養護，世話をするという意味であり，education は教えるという意味である。世界の幼児教育の場において，「保育」は care（養護）と education（教育）が内包された言葉であることが分かる。

先に述べたように学校教育法において，幼稚園が幼児に「教育」ではなく「保育」をするという言葉を使用している。それは幼稚園が小学校や中学校といった学校教育とは教育内容で違いがあり，幼児期が発達段階の特性上，「養護」の側面が重要であることを意味していると言える。つまり，幼稚園においては，「幼児を保育し，……」という文言において，養護と教育が一体的に展開されることを包括的に表現しているのである。

これまで，保育所保育指針や学校教育法から，「養護と教育が一体的に展開する」ことについて述べてきた。幼稚園教育要領に養護の領域がなく，養護は保育所の特性であるととらえられやすいという問題が介在する。しかし，養護は保育所にのみ必要なものではなく，同じ幼児を対象とする幼稚園においても重要なことであろう。もちろん，幼稚園と保育所の機能を併せ持つ認定こども園も同様である。養護と教育が一体的に展開される保育が望ましいと言えるの

ではないだろうか。

2 「養護」と「教育」

　前節では，「養護と教育が一体的に展開する」ことが保育であると主張してきた。ではそもそも，「養護」とは？　「教育」とは？どういうものなのか。本節ではそれを明らかにしたい。

■ 「養護」とは？

　保育指針において「養護」の目標またはねらいについて，下記のように明記されている。

養護の目標
　十分に養護の行き届いた環境の下に，くつろいだ雰囲気の中で子どもの様々な欲求を満たし，生命の保持及び情緒の安定を図ること。
養護に関わるねらい
【生命の保持】
　① 一人一人の子どもが，快適に生活できるようにする。
　② 一人一人の子どもが，健康で安全に過ごせるようにする。
　③ 一人一人の子どもの生理的欲求が，十分に満たされるようにする。
　④ 一人一人の子どもの健康増進が，積極的に図られるようにする。
【情緒の安定】
　① 一人一人の子どもが，安定感を持って過ごせるようにする。
　② 一人一人の子どもが，自分の気持ちを安心して表すことができるようにする。
　③ 一人一人の子どもが，周囲から主体として受け止められ主体として育ち，自分を肯定する気持ちが育まれていくようにする。
　④ 一人一人の子どもがくつろいで共に過ごし，心身の疲れが癒されるようにする。

6章　養護と教育が一体的に展開する保育

養護とは，子どもの「生命の保持」および「情緒の安定」を図るために保育者が行うかかわりであり，それぞれに4つのねらいと4つの内容が示されている。また「生命の保持」および「情緒の安定」のねらい・内容はすべて関連性があり，一体的に展開されるものである。たとえば，おむつの交換を行った場合は，快適かつ健康な生活の保障，排便の生理的欲求の充足，安心感，安定感，自己肯定感に繋がるのである。

養護は early childhood care and education の care に対応するということを前述した。そして，care は「世話をする」としてとらえられているが，それは第二の語義であり，第一の語義は「心配する」「気にかける」といった意味になる。世話をするという行為とともに，相手のことを思い，心を通わすようなかかわりや態度が，「養護」にとって最も重要であると言える ➡3。

5～6歳児になれば，養護の面で世話をすることは乳児と比べて減少する。これは日々成長する彼らにとって当たり前である。しかし，保育者は養護の面ではなにもできないのかというとそれも違う。保育者は子どもを気にかけ，成長を見守っている。このような保育者の態度やかかわりが，個々に応じた課題を発見し，支援に繋げることを可能にする。見守る，気にかけるといった「養護」の側面は，子どもの発達の基礎になり，保育・教育の基盤となる。

今までは保育における「養護」とは何であるかに視点を置いて述べてきた。しかし，養護という言葉は保育の世界以外でも使用している。教育で言えば，養護教諭，特別支援学校の以前の名称である養護学校などがあげられる。また，福祉では，児童養護施設，特別養護老人ホームなどをよく耳にする。こうしてみると誕生して成人となる過程や老いの段階，障害を抱えた場合，養護というものが必要不可欠なものと分かるだろう。これらに共通する概念として，養護は生きるために必要な最低限の欲求を満たし，人間としての尊厳を認め，自立的な生活を営む人として当たり前の生活を保障するよ

◀3　遠山洋一「巻頭言『養護』をどう考えたらいいのだろうか」『保育・子育て総合研究機構だより』No.3, 2007。

うに支援することであると言えるだろう ⬅ 4。

■「教育」とは？

保育指針の教育の目標を下記に示す。幼稚園教育要領ならびに幼保連携型認定こども園教育・保育要領も保育指針と同様の教育の目標である。

教育は，子どもが健やかに成長し，その活動が豊かに展開されるように保育者が援助するかかわりである。その内容は3領域または5領域で構成され，各々ねらいおよび内容がある。ここで大切なことは「養護」と同様に，「教育」においてもねらい等が各々で単独で達成されるということではなく，遊びや生活を通して，さまざまな領域が重なり合って総合的に経験されなければならないことであろう。

小学校などの系統的な教科教育では，「教育」の概念が「教え込む」といった意味が中心になる。しかし，保育のなかの「教育」は，この「教え込む」「やらせる」「させる」といった結果を重視することではないということに気をつけなければならない。保育者は，子どもに提案したり，励ましたり，伝えたりするといった子どもの取り組む姿勢やその過程を重視する教育が求められる。それにより，子どもは主体性を持って積極的に活動し楽しむことができる。「いけません」「こうしなさい」といった教え込む結果重視の教育ではなく，「先生はいやだな，どう思う？」「こうしてみよう！」と提案する過程重視の教育が，保育における「教育」の根幹にならねばならないと考える。

■「養護」と「教育」との関連

これまで，「養護」と「教育」について，幅広く述べてきた。ここで「養護」と「教育」の関連性について述べていきたい。

養護的側面と教育的側面は切り離されるものではなく，養護が基

⬅ 4 大谷尚子監修『養護ってなんだろう——「保健室の先生」といわれる私たちの仕事とその意味』ジャパンマシニスト社，2007。

6章　養護と教育が一体的に展開する保育

教育の目標

<u>乳児保育【3領域】</u>

【健やかに伸び伸びと育つ】

　健康な心と体を育て，自ら健康で安全な生活をつくり出す力の基盤を培う。

【身近な人と気持ちが通じ合う】

　受容的・応答的な関わりの下で，何かを伝えようとする意欲や身近な大人との信頼関係を育て，人と関わる力の基盤を培う。

【身近ものと関わり感性が育つ】

　身近な環境に興味や好奇心をもって関わり，感じたことや考えたことを表現する力の基盤を培う。

<u>1歳以上3歳未満児の保育及び3歳以上児の保育【5領域】</u>

【健康】

　健康な心と体を育て，自ら健康で安全な生活をつくり出す力を養う。

【人間関係】

　他の人々と親しみ，支え合って生活するために，自立心を育て，人と関わる力を養う。

【環境】

　周囲の様々な環境に好奇心や探求心をもって関わり，それらを生活に取り入れていこうとする力を養う。

【言葉】

　経験したことや考えたことなどを自分なりの言葉で表現し，相手の話す言葉を聞こうとする意欲や態度を育て，言葉に対する感覚や言葉で表現する力を養う。

【表現】

　感じたことや考えたことを自分なりに表現することを通して，豊かな感性や表現力を養い，創造性を豊かにする。

礎となって教育が展開される。また養護にかかわる保育の内容のなかに教育にかかわる保育の内容があり，教育にかかわる保育の内容のなかに養護にかかわる保育の内容があるとも言える。さらに，養護のねらいおよび内容の「生命の保持」と「情緒の安定」，教育にかかわるねらいおよび内容の各領域が，それぞれに関連を持ち，折り重なりながら日々の保育が一体的に展開している [5]。

これらをまとめると，①養護は教育の基礎であり，②養護の保育内容と教育の保育内容は双方ともに内在的な関係性にあり，③養護と教育は一体的，総合的な関連を持つということになる。

たとえば3歳以上児の保育における「人間関係」領域のねらいに「保育所の生活を楽しみ，自分の力で行動することの充実感を味わう」とある。子どもが身近な保育者や友だちと楽しく過ごし，意欲的に活動するには，周囲の人への信頼感が基盤とならなければならない。そのためには，子どものさまざまな欲求を満たし，生命の保持や情緒の安定を図り，保育所生活が安心，安全になることが前提となる。つまり，養護が基礎となって教育のねらいが展開されているのである。

では，「養護」と「教育」の内在的な関係性や，一体的，総合的な関連についてはどうだろうか。保育の対象でもある子どもに焦点を当てて考えていきたい。保育の主体である子どもは，「子どもである」と「未来の大人である＝大人になる」という両義的な存在である。つまり，子どもという概念自体は，「ある」という現状肯定的な表現と，「なる」という現状止揚的な表現とが交差するところに成り立つと考えられる。したがって，保育者も子どもの「ある」と「なる」に対応した両義的な働きかけが不可欠となる。子どもが「子どもである」ことを保育者は受け止め，世話をする。これは養護的な働きかけである。一方，子どもが「大人になる」ために保育者は教えて，導いていく。これは教育的な働きかけである。保育者のかかわりも両義的なものになる [6]。

[5] 厚生労働省『保育所保育指針解説書』フレーベル館，2008。

[6] 鯨岡峻『保育・主体として育てる営み』ミネルヴァ書房，2010。

6章　養護と教育が一体的に展開する保育

このような子どもの両義性の存在が，「養護」と「教育」の内在的な関係性や，一体的，総合的な関連の根底にあるのではないだろうか。言い換えれば，「養護」と「教育」を一体的に展開することは，子どもの今と未来に寄り添う保育であると言えるのではないだろうか。

3 保育所，幼稚園と保育ニーズ

保育所と幼稚園は制度的に異なった施設である。保育所は，授乳やお昼寝など幼稚園にない特徴があげられ，保育内容を見てもそれぞれで異なっていることに気づかされる。

保育所は，厚生労働省の管轄であり，「児童福祉施設」である。そして「保育を必要とする乳児・幼児を日々保護者の下から通わせて保育を行うことを目的とする」福祉施設である。つまり，保育を必要とする子どもを対象とし，家庭や地域社会と連携し豊かな人間性を持った子どもを保育していくことが特質とされる。幼稚園とは違って，保育所には家庭養育の補完，家庭との緊密な連携などの役割が重視されているので，幼稚園よりも養護的な印象が強くなる。

また，保育所では，3歳未満の乳幼児も対象としており，特にこの年齢の子どもは養護面の働きかけが必要となる。おむつや昼寝，授乳など生命の維持や情緒の安定といった個別のかかわりが中心となる。教育面では教え込んだり，意図的なかかわりというよりも，子どもの生活や遊びを通して何を学び何が育ったかという発達と生活の連続性に配慮する必要がある。小学校で1年生と6年生のかかわりが違うように，保育所においても，保育のなかで子どもの発達段階に配慮した「養護」と「教育」の比重の違いが表れていると考える。

一方，幼稚園は文部科学省の管轄であり，「学校」に位置づけられる。学校教育法において，「幼児を保育し，適当な環境を与えて，

95

表6-1 幼稚園と保育所 ▶7

ねらい	幼稚園	保育所（認可）
根拠法令	学校教育法	児童福祉法
所管	文部科学省	厚生労働省
基準	幼稚園教育要領	保育所保育指針
免許資格	幼稚園教諭免許	保育士資格
目的	幼児を保育し，適当な環境を与えてその心身の発達を助長すること（学校教育法第22条）	保育所は，保育を必要とする乳児・幼児を日々保護者の下から通わせて保育を行うことを目的とする施設
対象年齢	満3歳から小学校就学の始期に達するまでの幼児（学教法第26条）以前は3歳になるまで入園できなかったが，近年は満3歳になった時点で随時入園できる園や，2歳（年度途中で3歳になる子ども）入園を認める園もある。	保育を必要とする，乳児（満1歳に満たない者），幼児（1歳から小学校就学の始期まで），少年（小学校就学の始期から満18歳に達するまでの者）（児福法第4条，第39条），市町村は，保護者の労働または疾病その他の事由により，その監護すべき乳児，幼児その他の児童について保護を必要とする場合において，当該児童を保育所において保育しなければならない。（児福法第24条）
時間	原則として1日4時間が標準だが，預かり保育も可。毎学年の教育週数は39週以上の長期休業あり	原則として1日8時間（延長保育あり）夏休みなどの長期休業なし
設置	幼稚園設置基準	児童福祉施設最低基準
職員人数	1学級35人以下に1人を原則	0歳児3人に1人，1，2歳児6人に1人，3歳児20人に1人，4，5歳児30人に1人

▶7 文部科学省，厚生労働省の資料を参考に筆者が作成。

その心身の発達を助長することを目的とした」教育施設である。幼稚園は，就学前教育を念頭に置かれているため保育所と比べ教育的である印象が強くなる（表6-1）。

　こういった保育所と幼稚園の制度面からくる双方の特性はあるものの，その特性によって養護と教育が切り離される保育になってはならない。しかし，保育所は養護として「保育」，幼稚園は教育として「幼児教育」という短絡的な解釈をする傾向が未だに少なくない。

　最近の保育における社会的ニーズとして，幼稚園でも「預かり保育」「3歳未満児を対象とする未就園児保育」の保育所的な役割が求められている。一方，保育所でも，自由保育を中心とする方法で

96

6章　養護と教育が一体的に展開する保育

はなく，意図的な保育を積極的に行う幼稚園的な役割も同様に求められている。2006（平成18）年に，就学前の保育ニーズに対応する新たな選択として認定こども園が創設された。2017（平成29）年には保育所保育指針，「幼稚園教育要領」の改訂（定）と同じくして「幼保連携型認定こども園教育・保育要領」も改訂となった。保育所・幼稚園の機能の一体的・総合的な提供が推進されるなかで，保育所，幼稚園双方に「養護」「教育」を一体的に展開するという視点は必要不可欠になっている。

　先に述べたように，3歳児未満の保育は「養護」が中心になる。しかし，最近では乳幼児の「教育」に関心が高まっている。乳幼児の場合，どうしても養護の側面が保育者の支援の大部分を占めるが，養護という側面だけで保育が語られるものでもない。幼児教育や乳幼児の教育の関心が高まるなかで，早期教育のような発想として，ただ単に年齢を前倒しした教育を行うことへの懸念がある。乳幼児に本当に必要な教育とは何なのかを探る必要があることも述べておきたい。保育の専門性を持った保育者が，乳幼児の適切な教育を正しく伝えられることが，今後の課題と言える ⏎ 8。

◀8　遠山洋一『シリーズ乳幼児期の教育を考える第1回――2歳児の事例から「乳幼児期の教育」を考える』『保育通信』No.691，2012。

4　事例から見る養護と教育の一体的な保育

　養護とは子どもの「生命の保持」および「情緒の安定」を図るために保育者が行うかかわりであり，教育とは子どもが健やかに成長し，その活動が豊かに展開されるように保育者が援助するかかわりである。そして，子ども1人ひとりを尊重し，その命を守り，情緒を安定させ，子ども自らが遊びや生活を通して主体的に活動し，健やかに成長するために援助していくことが養護と教育の一体的に展開するというものであった。

　それでは事例を通して，具体的に養護と教育の一体的に展開することの大切さについて考えてみよう。

97

事例1 「身体測定」

　2歳児のマモルくんは身体測定が苦手である。前回の身体測定でも泣いてしまい，身長計で測定できなかった。

　「マモルくん，今日はマモルくんがどれだけ大きくなったか測るんだよ。大きくなったかな？」しかし，マモルくんは身長計にまったく近寄らずにいる。その間もクラスの大半の子どもたちが続々と測定を終えていっている。マモルくんは，その様子を眺めている。

　マモルくんの手をとり「マモルくん，服を脱がなくていいから，測りに行こう」と身長計の方に促した。すると，マモルくんは身長計の上に立つことができた。「すごいね。マモルくん。測れたね。すごいね」と大きな声で褒めた。

　次回の身体測定では，マモルくんは自ら服を脱いで測定ができるようになっていた。

　　この保育者は2歳児の気持ちに寄り添い，推し量りながら援助していることが分かる。保育者は，マモルくんが身体測定の様子を眺めていることに気づき，マモルくんの方に近づき手を握ったことは養護面の支援，服を脱がずに測定したことや，測れたことへの褒める言葉かけは教育面の支援と言える。このように，養護と教育は切り離されるものではなく，生活のなかで養護と教育が一体的に展開するという実践事例であった。

　　次の事例は，養護と教育を一体的に展開することが困難であった事例である。

事例2 「ごっこ遊び」

　5歳児クラスのヨウコちゃんとイクちゃんは，ごっこ遊びをしている。ヨウコちゃんはお母さん役，イクちゃんは子ども役である。

　ヨウコちゃんはイクちゃんに「おやすみの時間よ」と言いながら，布団に

6章　養護と教育が一体的に展開する保育

見立てたタオルケットを用意している。イクちゃんも「はーい。お母さん，おやすみなさい」と言い，ヨウコちゃんが用意したタオルケットのなかに入った。ヨウコちゃんも「おやすみ」と返事をして，同じタオルケットのなかに入った。

　部屋のなかは若干暑く，ヨウコちゃんとイクちゃんは少し額に汗をかいていた。担任保育者は，それに気づきつつも，ごっこ遊びの世界を壊さないでおこうと思い，そのごっこ遊びを見守っていた。

　2人で寝ている途中，ヨウコちゃんは「絵本を読んであげる」と言い，絵本を取ってきて，再び布団のなかに入った。イクちゃんに，お布団のなかで絵本を読んであげていた。

　すると，副担保育者が保育室に入ってきた。副担保育者は，ヨウコちゃんとイクちゃんの様子を見て，「お布団のなかに入っていると暑いよ」と言って布団代わりのタオルケットをとった。

　その後，ヨウコちゃんとイクちゃんは，ごっこ遊びを続けていたが，ほどなくしてごっこ遊びは終わっていった。

　担任保育者は，ごっこ遊びの様子を見守ることで養護の側面を，ごっこ遊びの世界観に配慮することで教育の側面を援助したと言える。一方，副担保育者は，汗をかいているのでタオルケットをとってやるという養護の側面と，「お布団のなかは暑いよ」という言葉をかけて子どもに気づかせるという教育的な側面を援助している。しかし，保育者により，養護と教育の一体的な展開の様子が違うことが見て取れる。

　では，この事例では養護と教育が一体的に展開がされているのであろうか。担任保育者については，子どもが汗をかいていたので養護面に何らかの支援があってもよかったのかもしれない。また，環境構成としてタオルケットではなく，また違うものを準備できたかもしれない。一方，副担保育者については，子どもが5歳児であることを考えるとある程度養護の面で自立していると考えられ，ごっ

99

こ遊びのなかで汗をかくことは許容範囲であったかもしれない。も
し許容範囲でなかったとしても，教育の面で，子どもに寄り添って，
「暑いから，おなかにだけ布団をかけとこう」と提案する教育的配
慮ができたかもしれない。しかしながら，こういったことは双方と
も振り返って気づいたことである。

　養護と教育が一体的に展開する保育とは，子どもの遊びや生活を
単に見守ったり，やみくもに支援を行うことでは達成されない。子
どもの現状を把握し，育ちの見通しをつけておかなければならない。
保育をする際，保育計画を必ず立案する。保育計画を立てるうえで，
子どもの現状と育ちの見通しはある程度つくであろう。保育計画の
段階から養護と教育を一体的に展開されるように意識して立案する
ことが大切である。

参考文献

大豆生田啓友ほか編『最新保育講座 4　保育内容総論』ミネルヴァ書房，
　　2011

奥田援史ほか編『健康保育の科学』みらい，2006

厚生労働省『保育所保育指針（平成 29 年告示）』フレーベル館，2017

塩美佐枝編著『保育・教育ネオシリーズ（4）　保育内容総論』同文書院，
　　2003

民秋言編『幼稚園教育要領・保育所保育指針の成立と変遷』萌文書林，
　　2012

内閣府・文部科学省・厚生労働省『幼保連携型認定こども園教育・保
　　育要領（平成 29 年告示）』フレーベル館，2017

文部科学省編著『幼稚園教育要領（平成 29 年告示）』フレーベル館，
　　2017

7章 環境を通して行う保育

1 発達を促す環境

　乳幼児期の子どもは環境を通して育てられることが重要である。1989（平成元）年改訂の「幼稚園教育要領」および，1990（平成2）年改定の「保育所保育指針」では，改訂（定）の際の基本方針のひとつとして，「環境による保育（教育）」という理念が掲げられ，その理念は2017（平成29）年改訂（定）の幼稚園教育要領，保育所保育指針，「幼保連携型認定こども園教育・保育要領」にも継承されている。

　環境を通して行う保育が基本とされる理由は2点ある。第一に，幼児期の発達の特性によるものである。幼児期の子どもは，児童期以降の子どものように，物事を言葉のみで理解することや伝達することは難しい。実際にさまざまな環境とかかわり，体験することによってはじめて物事の理解を深めることが可能となるのである。第二の理由は，幼稚園教育要領，保育所保育指針，幼保連携型認定こども園教育・保育要領に見られる保育の目標が，人格形成の基礎となる豊かな「心情」や，物事に自分からかかわろうとする「意欲」や「態度」といった内面的な育ちに関する内容となっていることである。内面的な育ちは，一方的な教授教育においてではなく，子ども自らが主体的に活動に取り組み，楽しみながら多くの体験を積み重ねていくことによって育まれるものである。

　「環境を通して行う保育（教育）」に示される「環境」とはどのようなものを指すのだろうか。環境とは一般的に，そのものを取り巻

いている外界やその状態を指す。子どもを取り巻く環境とは，園の施設・設備，園具や遊具，道具や素材などの物的環境，家族，友だち，保育者，地域の人々といった人的環境，身近な自然や地域社会，多くの情報，文化・習慣，さらには時間や空間，人や物が醸し出す雰囲気など，子どもを取り巻くありとあらゆる存在を指すのである。これらの環境が子どもにとって意味あるものとなるには，子どもが環境に主体的にかかわり，環境と相互作用することが必要である。そのためには保育者の役割が大変重要となる。保育者がこれらの既存の環境を生かし，子どもの主体性を引き出せるよう，魅力ある環境を構成していかなければならない。保育者は，環境を構成するにあたり，子どもの成長・発達にとって望ましい教育的・文化的価値がどれくらい含まれているのかを考えながら環境を構成していく必要がある。それは保育所保育指針や幼稚園教育要領，幼保連携型認定こども園教育・保育要領において，次のように示されている。

　保育所保育指針（2017）の保育の方法のなかでは，「子どもが自発的・意欲的に関われるような環境を構成し，子どもの主体的な活動や子ども相互の関わりを大切にすること。特に，乳幼児期にふさわしい体験が得られるように，生活や遊びを通して総合的に保育すること」■1 とされている。また，幼稚園教育要領（2017）および幼保連携型認定こども園教育・保育要領（2017）では，指導計画の作成上の基本事項として，「環境は，具体的なねらいを達成するために適切なものとなるように構成し，幼児（園児）が自らその環境に関わることにより様々な活動を展開しつつ必要な体験を得られるようにすること。その際，幼児（園児）の生活する姿や発想を大切にし，常にその環境が適切なものとなるようにすること」■2 とされている。これらを踏まえて，保育者が環境を整えるにあたり，配慮したいポイントについて考えてみよう。

■1　保育所保育指針第1章「総則」の1「保育所に関する基本原則」(3)保育の方法より抜粋。(厚生労働省『保育所保育指針』フレーベル館，2017年)。

■2　幼稚園教育要領においては，第1章「総則」第4「指導計画の作成と幼児理解に基づいた評価」(文部科学省『幼稚園教育要領』フレーベル館，2017年)，幼保連携型認定こども園教育・保育要領においては，第1章「総則」2「指導計画の作成と園児の理解に基づいた計画」(内閣府・文部科学省・厚生労働省『幼保連携型認定こども園教育・保育要領』フレーベル館，2017年)より抜粋。文中の「幼児（園児）」は，「幼児」が幼稚園教育要領での記載，「園児」が幼保連携型認定こども園教育・保育要領における記載である。

7章　環境を通して行う保育

■魅力ある環境を構成する

　環境を構成するにあたっては，まず，環境と子どもが相互作用して成長・発達していくことを理解する。そして，環境が子どもの興味・関心・欲求に即応したものとなり，子どもが主体的にかかわることができるよう配慮する。そのためには，子どもが触れてみたいと思えるような，子どもの興味・関心に沿った魅力ある環境が必要となる。たとえば，絵本ひとつをとっても，季節や子どもの活動に合わせて，子どもの目に触れる場所に置く絵本を変えることで，子どもが興味を示し絵本を広げてみようという気持ちになるだろう。その際，客観的・物理的環境と，心理的環境の区別をしておくことが必要である。絵本をランダムに本棚に入れているだけでは単なる客観的・物理的環境にすぎない。しかし，子どもが今現在経験している事柄に関連するような内容の絵本を配置すること，配置した絵本に関連するようなお話を保育者がすること，日頃から保育者が絵本の読み聞かせを行い，絵本に興味を持てるようにしておくことなどにより，子どもは絵本に興味を持ち手に取ってみるのである。このように，構成される環境は，子どもの興味・関心をくぐり抜けた，1人ひとりにとって意味のある心理的環境となることが重要である。保育者は自らの感性を研ぎ澄まし，子どもが発信するものに敏感に気づいていくことが大切である。

　また，子どもが進んで環境にかかわり遊びが展開していくなかで，子ども自らが環境を再構成することや，子どもと保育者が楽しみながら環境を整えていくことも求められる。

■健康と安全に配慮する

　保育において乳幼児を預かるうえで最も注意しなければならないのは，子どもの健康と安全である。保護者が安心して子どもを預けることができる，清潔で安全な場であることが重要である。保育者

103

は日々の衛生管理や安全点検に努め，子どもが健やかに成長できるように配慮しなければならない。衛生管理や安全点検においてはマニュアルを作成し，保育室，トイレ，調理室，調乳室，園庭，プールなどをこまめに清掃・消毒し，安全の点検を行う必要がある。また，清掃薬品や消毒薬などは鍵のかかる場所や子どもの手の届かない場所に保管するなどの配慮も必要である。

■長時間の保育に配慮する

保育の場は子どもが長時間生活することに配慮し，生活の流れやリズムに応じた環境を構成する必要がある。そのためには，温かなくつろぎの場と，生き生きと活動できる場の両方を，子どもたちの情況 ➡3 に合わせて整えていくことが必要である。温かなくつろぎの場としては，子どもがひとり遊びや少人数での活動に集中できるように，コーナーや，落ち着いて絵本が読める場所，くつろげるソファなどを用意したい。特に入園当初の子どもは自分の居場所を見つけられない場合が多く，家庭的で安心できる空間が作られていることが求められる。子どもが，自分のペースで活動を進めることが可能となる場作りを心がけたい。

一方で，園生活にも慣れ，友だちとのかかわりが増えるにつれ，思い切り体を動かすことができる広い空間や，全身を使って遊ぶことのできる大型の遊具，集中して制作活動に取り組める道具や素材が揃った制作スペースを作っていくことも必要である。友だちと協力しながら何かを作るなど，じっくりと長期にわたり活動に取り組むことができる場が必要となる。

■人との関係を育むことができる環境を構成する

人は社会のなかで多くの人との関係を築きながら生活をしている。人とかかわる力は生きていくために重要である。その基本は乳幼児期に育まれる特定の大人との愛着関係 ➡4 である。保育において

➡3 ここでは，目に見える状況のみならず，子どもの心の動きを含めた物事の動きゆく様を意図している。

➡4 愛着（attachment）とは，ボウルビィ（Bowlby, J., 1907〜1990）が提唱した。ボウルビィは，愛着は生後半年を過ぎた乳児が慣れ親しんだ特定の大人（特に母親）に対して示す特別な行動のことであり，愛情という情緒的な絆を形成するとした。

は，保育者との愛着関係をしっかりと育むことが求められる。さらに，人とかかわる力を育むには，保育者との愛着関係を基盤とし，同年齢や異年齢の友だちとのかかわり，地域の人々とのかかわりなどが必要である。それらの人々とのかかわりにおいて，相手の話を聞く力，相手が理解できるように話す力，相手を思いやる気持ち，皆で話し合うことや協力する力，折り合いをつける力などを身に付けていくのである。特に，きょうだいが少ない家庭や，日頃子ども同士のかかわりが少ない地域が増えていくなかで，園における異年齢のかかわりは重要である。年下の子どもに対する思いやりの気持ちや，年上だから頑張ろうという気持ち，年上のお兄ちゃんお姉ちゃんに憧れを持つ気持ちや，優しくされることの喜びなど，異年齢のかかわりを通して育つものは多い。保育者は子どもの内面に育っている力をしっかりと見極めながら，人とかかわることのできる環境を整えていくことが必要である。

2 母性的なかかわりのうちに育つ子ども

　子どもを取り巻く環境において，人的環境は重要である。子どもは人とのかかわりにおいて実に多くのことを学んでいく。子どもの対人関係の発達のなかで重要なことは，乳幼児期における愛着（アタッチメント）関係をしっかりと育むことである。子どもの伸び伸びとした主体的な活動は，活動の基盤となる安定した情緒によるところが大きい。いくら保育者が魅力的な環境を構成したとしても，その時に内面が不安定な状態にある子どもには環境に目を向ける余裕がない場合もある。また，興味を持っても，不安感が強ければ意欲を持って環境にかかわることが難しいこともある。そのような時に，保育者の温かいまなざしや，励まし，受容的な態度によって，何かあれば守ってもらえる，失敗しても受け止めてもらえるという安心感を得ることで，自分のペースで環境にかかわることができる

105

ようになるのである。保育者は子どもの心に寄り添い，受容し，包み込むような母性的な愛情をもってかかわることが大切である。

　本来，乳幼児は家庭における養育者との愛着関係を基盤とし，保育所，幼稚園，認定こども園，小学校といった社会的な環境のなかで人との関係を広げていく。しかし，家庭において養育者との十分な愛着関係を築くことが難しい場合もある。特に保育所や認定こども園など，長時間子どもが過ごす場では，保護者と過ごす時間が少ない子どもとの間に，保育者がしっかりと愛着関係を育むことが必要である。同時に，園での子どもの様子をしっかりと保護者に伝え，保護者が子どもの育ちを実感していけるようにしていきたい。

　愛着関係を育むには，感覚的協応が重要である。見つめ合う関係，聞き取り合う関係，触れ合う関係といった感覚を通してコミュニケーションを重ねることで，情緒的，共感的な関係を結んでいくことが可能となる。保育者は子どもとの共通体験を大切にし，同じ体験のなかで喜び，驚き，感動，また不安や心配，悲しみといった情動を交換し，子どもと共に子どもの抱く世界を実感していくことが大切である。

　このように保育者は，環境を構成する以外に，人的環境として大きな役割を持つ。人的環境としての保育者の援助の視点について考えてみよう。

■心の拠り所としての役割

　子どもが安定感を持って園生活を送るには，心の拠り所が必要である。保育者は園における人的環境のなかでも，特に1人ひとりの子どもにとって最も身近な存在である。複数の子どもの心の拠り所となるのは大変なことであるが，それぞれの子どもの情況をしっかりと見極めて対応することが求められる。特に，入園当初や，転園により体調や情緒が不安定になりがちな時期には，子どもが安定感を持って過ごせるようにしていくことが必要である。

7章　環境を通して行う保育

■子どもの理解者としての役割

　子どもの成長・発達に合った環境を構成するにも，情況に合った適切な援助を行うにも，子どもをしっかりと理解することが重要である。子どもを理解するにあたっては，多角的な視点から子どもの姿をとらえることが必要である。それは，1人ひとりの特性や発達の課題を把握し，その時々の体験が子どもにとってどのような意味を持つかをとらえることに加え，個と集団とのかかわりにおいても，子どもの成長をしっかりととらえていくことが大切となる。

■遊びの援助者としての役割

　子どもの遊びにおける援助は多岐にわたる。遊具や玩具，必要な用具や素材の場所や使い方を伝える，遊びのアイデアやヒントを出す，遊びのモデルとなる，友だちとのやりとりの仲立ちをするといった直接的な援助がある。子どものがんばりを認めたり，自分で出来る範囲の活動の援助を求めてきたりした場合に，自分で試みるように促すことも援助となる。また，子どもが遊びに夢中になっている時は子どもを見守ることや，友だちとかかわりながら遊んでいる時には子ども同士に任せるといった見守る姿勢，待つ姿勢も援助であり，大切にしたい視点である。

■遊びの共同作業者としての役割

　遊びの援助者との区別が難しいが，遊びの共同作業者としての役割も時には必要である。子どもの遊びがあまり活発でない場合や，遊びが停滞しているように感じた時には，いきなり環境を変えたり，助言をしたりするのではなく，その時の子どもの気持ちに共鳴し，どのような援助が必要であるかを見極めることも大切である。子どもの気持ちに共鳴するには，子どもと同じリズムや視点で同じ動きをし，子どもの情況を適切に把握することが求められる。共に同じ

107

動きで遊んでくれる保育者が傍らにいることによる安心感から，子どもに自ずと変化が生まれ，遊びが発展することも考えらえる。

■子どもの憧れとなるモデルとしての役割

体験を通してさまざまなことを学んでいく乳幼児期の子どもは，誰かの行動を見て，まねて，繰り返すことで生活の仕方や道具や遊具の使い方などを身に付けていく。友だちの活動する姿をモデルとする場合もあるが，一番のモデルとなるのは保育者である。信頼している保育者が楽しんで取り組んでいる遊びは面白そうだと興味を引かれ，憧れを持ち自分もやってみたいと思うようになる。保育者は，常に子どもが自分を見て，まねる可能性があることを念頭におき，言動や生活の仕方に配慮することが必要である。

3 遊び場面における環境の構成

遊び場面における環境構成では，初めに，子どもの遊びの様子をイメージすることが必要となる。イメージをより具体的なものとするには，日々の保育において子どもの姿を詳しく観察しておくことである。どのような遊びに興味・関心を持っているのか，どのような友だちと，どのようにかかわりながら遊んでいるのか，または1人で遊んでいるのか，遊びのどの部分を楽しんでいるのか，遊びを展開できずにつまずいていないか，つまずいているとしたらどの部分であるかなど，子ども1人ひとりの遊び場面における情況をしっかりと把握しておくことが重要である。ここでは，目に見える状況に加え，その状況における子どもの内面を見つめようとすることが肝要となる。

たとえば，砂場でスコップを使い，砂を掘って遊んでいる場合，子どもの砂を掘るという状況だけで判断するのではなく，表情や周囲の友だちとのかかわりなどを注意深く観察することが必要となる。

7章　環境を通して行う保育

砂を掘ること自体に夢中になり楽しんでいるのか，砂を掘るという行為以外の遊びを見つけられず，手持ちぶさたで砂を掘り続けているのかでは，次なる環境構成や保育者の働きかけは大きく違うものとなる。

　子どもの姿をイメージして環境を構成した後は，子どもの環境へのかかわりを見守ることや，場合によっては共同作業者として一緒に遊ぶようにすることが必要である。子どもが主体的に環境にかかわり，十分に環境との相互作用が行われている場合や，友だちと積極的にかかわりながら楽しんでいる場合は必要以上に干渉せずに様子を見守る方がよいだろう。しかしながら，子どもの表情が冴えず，環境への主体的なかかわりが見られない場合には，子どもの傍らに寄りそい，子どもの気持ちの変化をもたらすような働きかけを行うことが必要となる。

　また，保育の環境構成は，あくまでも子どもの姿を予測して行うため，保育者が想定する範囲を超えて子どもは遊びを展開していくことがある。その際には，子どもの様子をうかがいながら環境を再構成していくことや，時には子どもと相談しながら必要な環境を整えていくことが大切である。ここで注意することは，保育者が意図した方向へ子どもを誘導してしまわないことである。子どもの意見を尊重し，それがたとえ保育者の経験からは上手くいかないだろうと予測できる場合でも，子ども自らの考えで行った経験は成功も，失敗も含めて子どもを成長させるからである。子どもが環境とかかわり試行錯誤しながら得る学びは，子どもにとって大変意味のあるものとなる。その点において，保育者が行う環境構成が，整えられすぎた環境である時，かえって子どもの成長・発達にとってふさわしいものでなくなることもある。子どもにとって少し不自由を感じる環境も時には必要と言えるだろう。

　ボール遊びを例にあげてみよう。たくさんのボールが用意されている環境下では，子どもは思い思いのボールを手に取り自由に遊ぶ

109

ことができる。ボールに触れ，転がしてみたり投げてみたりとボールで遊ぶ楽しさを味わうことが必要な低年齢児には，1人ひとりが手に取ることができるたくさんのボールが必要だろう。しかしながら，友だちとのかかわりを育んでいくことが望まれる3歳児頃からは，少ない数のボールによって，ボールを介して友だちとのやりとりが発生する場合がある。時にはけんかになることもあるかもしれないが，その経験の積み重ねにより，譲り合うことや，子ども同士でルールを決めて使うこと，ひとつのボールを使ってみんなで遊ぶことなどができるようになっていくのである。

　保育が終わった後は，環境構成が子どもにとって適切であったかを振り返り，次の日の環境構成に繋げていくことが大切である。保育者の意図や願いは子どもに合っていたのか，構成した環境は子どもの情況に適切であったか，子どものなかで何が育ったのか，保育者の援助は適切であったかなど，子どもの姿や情況をしっかりと考察し，環境構成を見直すことが重要である。

４　科学する心を育む保育の展開

　科学文明が発達した現代社会を生き抜いていくには，科学的思考によりさまざまな出来事や物事を探求しようとする力を育てることが求められる。一般的な科学的思考とは，課題を設定し，仮説を立て，仮説の検証・立証を行い，課題を解決するという一連の流れを伴う思考である。科学的に物事を考えるには，さまざまな事象に対し，事実に基づきながら，ひとつずつ理論的な筋道を立てて本質となる法則性や規則性を明らかにしていくことが求められる。一見すると難しいと思うかもしれないが，日常生活において私たちはこのような考え方を用いて問題を解決していることが多い。

　では，この一連の科学的思考を子どもの活動に当てはめて考えてみよう。まず，子どもが遊びのなかでふと疑問に感じたり，不思議

に思うことが課題となったりする。次に，自分なりにこうかなと考え，何らかの法則性を見出し，解釈を試みる。さらに，考えついたことを実際に試したり，本などで調べたりしてみるなど，実際に自分の考えが正しいかどうかを確かめる。ここで，間違っていれば再度解釈を試みる段階に戻ってみる。課題の解決の段階では，考えが正しかったことが分かり納得する。そして課題の解決とともに新たな知識を得ることができたり，さらに次の課題を見つけたりするのである。

　幼児期の子どもはこのような筋道を立てた科学的思考が十分にできる段階ではないが，日々の遊びにおいて，その基礎となる活動を経験することは可能である。たとえば，冬になり，池の表面が凍っていたとしよう。そのことに気づいた子どもは，なぜだろうと考える。そして，入れ物に水を入れて置いてみる。日中には水は凍らず，また池も氷がなくなっていることに気づく。さらに翌朝，入れ物に入れた水と池の水が凍っていることに気づく。そのようなふとした気づきから，なぜだろう，不思議だなという疑問が課題の設定へと繋がるのである。そのためには，好奇心や探求心を育て，子どもが自身を取り巻くさまざまな事象に興味や関心を持ってかかわるなかで，不思議に思ったことや疑問に感じたことを明らかにしたいと思うことが大切である。

　好奇心は，周囲の環境に対して，これは何だろうという疑問を持ち，さらに知りたいと感じる欲求である。探求心は，好奇心を持って周囲の環境にかかわるうちに，何らかの事象に深く興味を持ち，さらにその事象を掘り下げて知ろうとする心の動きである。子どもはこの好奇心と探求心によって試行錯誤するなかで，何かを理解していく楽しさや，新たな事実を発見することの面白さを味わい，さらなる好奇心や探求心を育んでいくのである。

　保育者はこの好奇心や探究心を育てていくためにも，子どもがなぜだろう，不思議だなと思う環境を整えることや，子どもの気づき

に共感したり，一緒にその疑問の解決方法を探すなどしていくことが大切である。

　では，どのように好奇心や探究心を育む環境を構成していけばよいのだろうか。それには，①魅力的な環境であること，②子どもの好奇心や探究心に寄り添う保育者がいること，③刺激し合い，相談し合うことができる友だちがいること，④活動の十分な時間が保障されていることが必要である。

　具体的には，①の魅力的な環境として，自然環境があげられる。自然は変化が多く，不思議に感じることや，驚きや発見が多い。また，五感を通して触れ合うことができる。さらに自然は規則性に富んでいる。さまざまな自然との出会いは，子どもの好奇心や探究心を刺激し，科学的な思考へと繋がっていくのである。また，子どもが容易に手に取り，試すことができ，子どもの発想が生かされるような素材や材料を用意することも必要である。粘土のような可塑性に富んだ素材を取り入れたい。

　②の保育者は，子どもの好奇心や探究心を育てていくにあたり重要な役割を果たす。子どもの気づきに共感し，共に考えるだけではなく，時に不思議に気づけるようなヒントを出したり，不思議を解明していける活動を提案するなど，保育者自身が自然のさまざまな不思議に気づき，自然環境を生かしていけるようにすることが必要である。

　③の友だちとの関係では，1人では気づけないことに気づくことができたり，刺激を受けて活動への意欲が高まったり，協力していろいろな方法を試してみるなど，探究することの楽しさを共に味わうことができる。驚きや嬉しさなどの感情体験を共有することで，仲間意識が生まれたり，活動へのさらなる意欲が引き出されたりする。また，お互いに説明し合うなど，考えを言語化することで，理論的に考える力が育まれ，科学的な思考に繋がっていく。

　④の活動の十分な時間の保障では，じっくりと考える時間や，集

中して取り組むことのできるゆとりある時間が確保されることである。いろいろな方法を試したり，友だちと相談したりする十分な時間があることで，好奇心から始まった活動が探究心へと繋がり，新たな発見や学びを得ることができるのである。

このような，好奇心や探究心を育む保育を展開していくことが，小学校以降の科学的な思考に繋がっていくのである。

参考文献
厚生労働省『保育所保育指針』フレーベル館，2017
内閣府・文部科学省・厚生労働省『幼保連携型認定こども園教育・保育要領』フレーベル館，2017
内閣府・文部科学省・厚生労働省「幼保連携型認定こども園教育・保育要領 幼稚園教育要領 保育所保育指針中央説明会資料」2017
三宅茂夫ほか編著『保育内容「環境」論』ミネルヴァ書房，2010
文部科学省『幼稚園教育要領』フレーベル館，2017

8章 遊びによる総合的な保育

　保育者には，遊びを通して子どもを総合的に保育することが求められている。たとえば，幼稚園教育要領第1章の「総則」では，「2. 幼児の自発的な活動としての遊びは，心身の調和のとれた発達の基礎を培う重要な学習であることを考慮して，遊びを通しての指導を中心として第2章に示すねらいが総合的に達成されるようにすること。」と述べられている。なぜ，乳幼児期の子どもの成長と発達にとって，遊びが重要なのであろうか。また，そのような遊びによる総合的な保育を可能にするために，保育者は子どもに対してどのようにかかわっていくことが前提となるのだろうか。遊びを通した総合的な保育について，（1）遊びの思想的な視点，（2）遊びの前提となるもの，（3）遊びを通して子どもが育むもの，そして（4）現代社会における諸課題について，考えていきたい。

1 遊びとは……

■遊びと人間形成

　そもそも遊びとは，私たち人間にとってどのような価値を持っているのだろうか？　ドイツの思想家シラー（von Schiller, J. C. F., 1759〜1805）は，生き生きとした遊びへの衝動こそが，人間を人間として形づくっていくと論じた。遊びが人間形成に深くかかわっていることから，人間学上，教育学上の概念として遊びをきわめて高く評価した。シラーは，「人間は言葉の完全な意味に於いて人間である場合のみ遊戯し，また彼の遊戯する場合にのみ完全に人間である」▶1

▶1 シラー『美的教養論』玉川大学出版部, 1952, p.106。

と述べ，遊びを人間の理想的な状態と見なした。

　また，オランダの歴史家ホイジンガ（Huizinga, J., 1872 〜 1945）は，人間を「ホモ・ルーデンス Homo Ludens（遊ぶ人）」と定義づけた。人間の本質を遊ぶという行為に見出し，人間は遊ぶ存在であると論じた。遊びは，人間本来の営みであり，遊びこそが全き人間，文化的人間を育み，文化を作りあげてきたと考え，文化現象としての遊びを論じた。

■遊びと子どもの人間形成

　このような遊びと人間形成のかかわりを，子どもに注目して論じたのが，世界で初めて幼稚園を設立したフレーベル（Fröbel, F. W. A., 1782 〜 1852）であった。フレーベルは，「遊戯することないし遊戯は，幼児の発達つまりこの時期の人間の発達の最高の段階である」▶2 と述べ，遊戯は単なる遊びごとではなく，きわめて真剣なものであり，深い意味を持つものである▶3 と，子どもにとっての遊びの重要性を説いた。それというのも，遊びは，子どもの内なるものの自由な活動の表現だからである。自発的で創造的な遊びを通して，子どもは自らの本質を表現し，調和的な人間へと自己形成していく。そこで，フレーベルは子どもの遊戯の場として，また子どもを育む母親のための教育施設として，幼稚園（Kindergarten）を創設した。彼の残した有名な言葉，「さあ，子どもに生きようではないか！（Kommt, lasst uns unsern Kindern leben!）」は，まさに子どもの遊びを通して，子どもも大人も人間の生を取り戻そうという，遊びの本質を物語っている言葉でもある。大人も，子どもと遊ぶことを通して人間本来の生命に触れることにより，大人も子どもも調和的な人間形成へと導かれるのである。

▶2　フレーベル『人間の教育』（上）岩波書店，1964, p.71。

▶3　同上。

■遊ぶ権利

　遊ぶことは，人間の本質のひとつであると同時に，子どもにとっ

てひとつの権利でもある。それは，子どもが子どもの生を全うするためには，遊びが欠かせないからである。ユニセフ（UNICEF）が発行する『世界子供白書』では，子ども時代は「子どもが育ち，遊び，発達することのできる，大人時代とははっきり区別された独立の，かつ安全な期間」[4]であると定義されている。

また，権利を持つ主体としての子どもを扱った，児童の権利に関する条約（Convention on the Rights of the Child）[5]第31条では，「締約国は，休息及び余暇についての児童の権利並びに児童がその年齢に適した遊び及びレクリエーションの活動を行い並びに文化的な生活及び芸術に自由に参加する権利を認める」として，子どもにとって遊ぶことが権利であると明記されている。

つまり，子どもと遊びは分けて考えることができないものであり，遊びとは子どもがまさに今ここで生きていることそのものを意味する行為なのである。こうした権利が保障されることによって，子どもは遊びを通して平和，寛容，公平，人権の尊重，および共同責任の精神を育み，新しい世界を築いていく調和的な人間へと自己実現を図っていく。このような思想的な背景をもとに，遊びを通した総合的な保育が，子どもの最善の利益を保障する保育施設で行われるようになった。

2 母性的な保育者の見守りのうちに展開される保育

■遊びの基盤

子どもは，どのように遊び始めるのだろうか。子どもと養育者とのかかわりを通して見ていきたい。乳児期（1〜5カ月）の子どもは，生物的な個体としては独立した1人の人間であるが，精神的には母親や保育者をはじめとする養育者と切り離されておらず，養育者との共生関係のなかで生きている。養育者は，子どもがお腹をすかせ

[4] ユニセフ『世界子供白書2005——危機に晒される子どもたち』2005年，p.3。

[5] 通称「子どもの権利条約」。採択1989（平成元）年，発効1990（平成2）年，日本批准1994（平成6）年。ジュネーブ児童権利宣言（1924（大正13）年），児童権利宣言（1959（昭和34）年）を経て，法的拘束力を持ったものとして制定された。

8章　遊びによる総合的な保育

て泣くとミルクを与え，不快感から泣くと，たとえばおしめを取り換えたり，あやしたりと，子どもと養育者は，求める―与えるという相互の欲求を充足させる関係にある。このような子どもの思いや願いに寄り添う関係のなかで，子どもは，あたかも自分と養育者がひとつの共通境界（共生膜）で囲まれた全能感に満ちた二者単一体であるかのように感じ，満足感を味わう[6]。こうして生まれた養育者との信頼感や安心感は，子どもが外の世界に対して興味を持ち始める基盤となり，子どもを遊びへと導いていく。

[6] マーラー他『乳幼児の心理的誕生――母子共生と個体化（精神医学選書）』黎明書房，2001。

■乳児期における遊びの芽生え

a. 養育者からの分離

その後の乳幼児期（4～5カ月から30～36カ月）は，子どもが養育者との共生関係から精神的に分離していく〈分離―個体化〉の過程の時期に位置する[7]。子どもは，すぐに分離するわけではなく，養育者の存在を基盤としながら，少しずつ離れていく。この時期に，養育者は，子どもの欲求に対して適応する程度を徐々に減少させていき，子どもが分離していくこと，つまり子どもの自立を見守ることになる。養育者の愛は，子どもの依存欲求を満たしてやることだけでなく，子どもに依存から自立へと移る機会を与えることも意味しているのである。養育者と子どもの信頼性があればこそ，分離も自然に行われていく。

[7] マーラー前掲書，p.91。

b. 生きる喜びへと繋がる遊び

子どもは，養育者に見守られた温かな環境のもとで，自分の手足を使って遊び，そのなかで無限の喜びを発見し，自分の身体と全感覚を使いこなすことを覚え始める。また，目を合わせると微笑んでくれる，声を出すと言葉をかけてくれるといったように，子どもが何かはたらきかけると楽しいことが返ってくるという体験が，積み重ねられることを通して，自ら能動的にはたらきかける喜びが子ど

117

ものなかに生まれる。こうして、養育者との遊びを繰り返し楽しむことが、さらに子どもの心と身体を育んでいく。そして、このような遊びを通して得られた喜びが、人生は生きる価値があると感じる[8]ような、生きる力を育むことに繋がっていくのである。

遊びが芽生えるためには、子どもの発達だけに注目するのではなく、養育者と子どもの間にある空間や領域が重要である[9]。そうした空間で、大人の献身的なかかわりがあってこそ、子どもは全身全霊で遊ぶ喜びを味わうようになっていく。

3 遊びを通して子どもが育むもの

■子どもの主体的な活動としての遊び

子どもの生活はそのほとんどが遊びによって占められている。そもそも、遊びとは役に立つかどうかではなく、遊ぶこと自体が目的となる活動である。子どものはたらきかけに対して、世界が応答し、さらにまた子どもがはたらきかけ、それに対して世界が応答するといった相互作用を楽しむ過程こそが遊びである。子どもが自分の興味関心を世界に向け、自発的にはたらきかけることが遊びの出発点となり、そうした遊びのなかで主体性が育まれる。

この主体的な活動としての遊びこそが、子どもが今を充実して生きることそのものとなる。この充実感のなかで、子どもは心身を調和的に育み、生涯にわたって自ら学ぼうとする意欲や力、豊かな感性や好奇心、探究心、思考力など、生涯にわたる生きる力の基礎を養っていく。

■総合的な指導

幼児期の子どもは、心と身体がそれぞればらばらに発達するのではなく、心身のさまざまな諸能力が、相互に関連し合って、総合的

[8] マーラー前掲書、p.91。

[9] ウィニコット『遊ぶことと現実』（現代精神分析双書第2期第4巻）岩崎学術出版社、1979、p.74。

8章　遊びによる総合的な保育

に発達していく。このようなさまざまな側面の発達に必要な体験が，ひとつの活動のなかで同時に存在しているものが遊びである。言い換えるならば，遊びのなかに子どもの成長や発達にとって重要な体験が詰まっている。そのため，保育者は，保育のなかで子どもが総合的に育まれるよう，乳・幼児期の子どもにとってふさわしい環境を整え，適切な指導をしなければならない。ただ，子どもが遊べばいいというわけではない。1人ひとりの子どもの特性に応じ，総合的に判断しながら遊びの環境を考えていくことが重要である。

■世界に対峙する力

　遊びは人間が創造的に生きることの始まりと言える。たとえば，子どもは，砂で遊んでいるうちに，泥団子を大きく固く上手に作ることができるように，水を混ぜる配分を考えたり，砂の種類を変えたりとさまざまな工夫をする。子どもは，自分の身体と心，五感などのすべてを使って世界に対峙するのである。こうして，遊びのなかで子どもは全人格を用いて，新たな自分に出会っていく。子どもが世界に対して試行錯誤することは，今を充実させるだけでなく，未来への楽しさを想像していくことに繋がり，意欲や，何事にも挑戦する態度を生む。遊びのなかでこそ，子どもは創造的な人間になることができる。

■協同性の育ち

　子どもの発達とともに，集団での遊びも見られるようになる。仲間と一緒に遊ぶことにより，1人では作れない大きな砂山のトンネルを作るダイナミックな遊びや，ドッジボールなどルールのある遊びなどに挑戦し，楽しむようになる。次第に，遊びのなかで仲間と共通のイメージや目的を作り出し，それに向かって時間をかけて協力して遊ぶ，協同的な遊びを楽しむようになる。1人では実現することのできない大がかりな遊びを実現したいという，大きな願いに

119

仲間と挑戦していく。

このような協同的な遊びのなかで，子どもは友だちと意見を交わしながら，集団のなかで自分を発揮する誇らしさや，難しさを経験する。また，友だちと喧嘩をするなかで，痛みや悔しさを感じながら，自分と同じようにさまざまな思いを持つ他者がいることに気づき，葛藤しながら自己抑制や自己調整を身に付けていく。集団での遊びは，他者とのかかわり方を学びながら個を育んでいく，かけがえのない体験となる。

4 遊びの現代的課題

■集団での遊び場としての保育施設

経済や産業の発展による社会の変化は，価値観の多様化を生み出し，子どもを取り巻く環境や養育者の子育て意識にも大きな影響を与えている。都市化の進行により，子どもの遊び場が消失していき，また少子化や核家族化により，異年齢の子ども集団のなかで遊ぶ機会が減っている。

2015（平成27）年度の調査によると，1歳から6歳の子どもが平日に保育施設以外で一番よく遊ぶ相手は母親であった ⊃10。1995（平成7）年の調査で，保育施設以外で「友だちと遊ぶ子ども」は「母親と遊ぶ子ども」と同じ割合であったが，20年間で56%から27%へ半減しており，子ども同士がかかわり合い，育ち合う場が保育施設中心になっていることが報告されている。また同時に，「子どもの社会的スキル獲得」に対する養育者の関心は高いものの，「友だちと一緒に遊ぶこと」に力を入れている養育者の割合が徐々に減少傾向にあることから，養育者が保育施設での活動に依存する傾向が強まっていることも指摘されている ⊃11。今や保育施設は，子どもが友だちとかかわることのできる数少ない場となっている。

⊃10 荒牧美佐子「子ども同士が育ち合う機会はどう変化しているか」ベネッセ次世代研究所『第5回幼児の生活アンケート速報版』2015, pp.19-20。

⊃11 同上。

8章　遊びによる総合的な保育

乏しくなった生活体験や直接体験を補い，子どもがさまざまな環境とかかわることのできる機会を積極的につくるのも，保育者と保育施設の重要な役割となっている。

■新しいメディアとのかかわり

　子どもを取り巻く環境の変化から，遊びの形態も多様化している。テレビやゲームにとどまらず，スマートフォンやタブレット端末などの新しいメディアが登場し，子どもの生活に急速に定着してきている。メディアと子どものかかわりを調査した研究によると，保護者がスマホを持っている家庭では，すでに0歳後半から子どもがスマホを使い始め，2〜3歳児の30%の子どもが少なくとも週に1〜2日の頻度で使用していることが分かっている ◀12。テレビやビデオ・DVDを用いた遊びは，これまで家の中だけで行われてきたが，新しいメディアは小型で持ち運べることから大人が常に身に付けているため，外出先でも頻繁に用いられ，子どもの生活のなかで当たり前のものとして存在するようになってきている。また，スマホは，これまでの一般的なおもちゃやテレビ・ビデオ以上に情報量が多く，かつ双方向性が高いことも特徴のひとつであり，このような特徴を持つスマホが乳幼児の生活空間に定着したことは，人類の歴史のなかでこれまでにない新しい経験として報告されている ◀13。

　多種多様なメディアが現代の生活に定着しているなかで，子どもが遊ぶときにどのようなことに留意すればよいのだろうか。子どもが自由に活動できる時間は，1日あたり4〜5時間ほどであると言われている。その短い子どもの1日のなかで，他のさまざまな遊びとのバランスを考えることが重要になってくるだろう。さらに，新しいメディアの使用については，子どもへの悪影響が取りざたされることが多いが，実際には未知の部分も多い。先の調査では，15〜25%の親が，スマホの使用によって親子のコミュニケーションが増していることをメリットとしてあげている ◀14。新しい社会の

◀12 榊原洋一「小児医学，小児神経学の観点から」ベネッセ教育総合研究所『第1回乳幼児の親子のメディア活用調査報告書』2014，pp.12-13。

◀13　同上。

◀14　同上。

121

なかで，新しいメディアが子どもの発達にどのような影響を与えるのか，冷静にメリットとデメリットを検討していくことが今後必要である。

このような状況を踏まえると，保育施設での遊びは，現在のところ子どもがメディアと離れて遊ぶ貴重な機会となっている。家庭との連携を図り，それぞれの良さを活かしながら，子どもの総合的な遊びの環境を整えることが求められる。

■時代の変化のなかで

a. 世界市民を育む遊びの土壌

グローバル化した世界のなかで，他者と共に人間としてよく生きる術を考えていく世界市民としての能力を育むことが求められている。その土台として，子ども時代の遊びの価値が見直されている。現代社会で，見えない他者と共によりよく生きていくためには，見えない他者に対する共感と想像力が重要である。ヌスバウム（Martha Craven Nussbaum, 1947〜）[15]によると，この共感の能力と想像力はともに，そもそも子どもが持っている資質ではあるが，子ども時代の遊びや物語を通して育まれるという。

ヌスバウムは，他者と共に善き生を実現するためには，「批判的精神」「大胆な想像力」「多種多様な人間の経験に対する共感的理解」「私たちが生きる世界の複雑さの理解」等が必要であると言う。そのなかでも他の子どもとの遊びのなかで相手の思いを想像したり，物語へ感情移入したりすることによって，自分とは異なる相手の立場に立つ経験をする。そのような経験こそが，他者を思いやることに繋がり，他者を手段ではなくその人自身としてとらえる能力が発達するという。彼女は，このような他者への共感を土台として，多様な人々の立場から世界を想像し，他者と共に人間としてよく生きる術を考えていく世界市民としての能力が育まれると指摘する。遊びは，個人としての人間の発達だけでなく，他者と共によりよい社

[15] ユダヤ系アメリカ人の哲学者。現在シカゴ大学法学・倫理学の教授。2016（平成28）年京都賞（思想・芸術部門）受賞。

会を創造する世界市民としての土台も育むのである。

b. 変わらない遊びの本質

　時代によって，子どもの遊びを取り巻く環境は変化し続けているが，遊びのなかで子どもが総合的に育まれていくという，遊びの本質と価値は変わらない。そのため，保育者は時代の変化に対応しながらも，遊びの本質を見失わず，子どもが全力で遊びに没頭できるような環境を確保し，整えていかなくてはならない。こうした時代であるからこそ，子どもの心に寄り添う同伴者となる保育者が，これまで以上に求められている。

　保育者は子どもに対して愛を持って見守り，保育していくという原点に立ち戻ることが何よりも大切である。「人間が真の人間になりうるためには，愛に根づいた人間形成が必要」■16 と言われるように，子どもを見守り育む保育の本質は，子どもが他者に無条件に受容され，愛されることである。そうした子どもとのかかわりのなかで，保育者自身も子どものなかに「相互の自己存在を生かしきるような他者」■17 を見ることによって，保育は一方的な行為ではなくなり，子どもと保育者にとって喜びとなる双方向的な行為となる。「与えることは，自分のもてる力のもっとも高度な表現」■18 であるからこそ，保育はかけがえのない尊い営みとなるのである。そうしたかかわりのなかで，子どもと共に保育者自身もまた育まれていくのである。

■16 増渕幸男『教育学の論理』以文社，1986，p.155。

■17 増渕前掲書，p.156。

■18 フロム『生きるということ』紀伊國屋書店，2005，p.44。

参考文献
シラー『美的教養論』玉川大学出版部，1952
フレーベル『人間の教育』（上）（下）岩波書店，1964
ホイジンガ『ホモ・ルーデンス』中央公論新社，1973
ヌスバウム『経済成長がすべてか？——デモクラシーが人文学を必要とする理由』岩波書店，2013
無藤隆『幼児教育のデザイン——保育の生態学』東京大学出版会，2013

9章 生活や発達の連続性に考慮した保育

1 人間形成の土台となる乳幼児期

■保育所保育指針や幼稚園教育要領に見る保育の役割

　子どもの生活環境や保護者の子育て環境が変化するなかで，近年の子どもの育ちにも変化が出てきた。それは，基本的な生活習慣の欠如，コミュニケーション能力の不足，自制心や規範意識の希薄化，運動能力の低下，小学校生活への不適応などである。こうした現状を受け，2006（平成18）年12月教育基本法[1]が改正され，「教育を受ける者の心身の発達に応じて，体系的な教育が組織的に行われなければならない」（第6条2）と明記された。その後，教育課程部会のなかで「発達や学びの連続性を踏まえた幼稚園教育の充実」ということがあげられ，2008（平成20）年の「幼稚園教育要領」，「保育所保育指針」の改訂（定）では，質の高い養護と教育の機能と保護者への援助も総則に盛り込まれた。幼稚園も保育所も，子どもが安心して生活できる場の保障と1人ひとりの発達の道筋に沿った保育の充実，小学校との積極的な連携が求められるようになった。

　2017（平成29）年には，幼稚園教育要領，保育所保育指針，「幼保連携型認定こども園教育・保育要領」が同時に改訂（定）された。これは，幼稚園も保育所も幼保連携型認定こども園も，日本の幼児教育施設として位置づけられたことの表れである。「乳幼児からの丁寧な関わりによって，子どもの身につけられる能力が向上することが世界的に重視されるようになってきた」[2]ことから，「乳児

---

[1] 教育基本法第6条2。これを受けて2007（平成19）年に一部改正された学校教育法で，「幼稚園」の規定順が，第1章総則，第2章義務教育に次いで第3章として前に出された。

[2] ノーベル経済学賞の受賞者でもあるシカゴ大学のジェームズ・ヘックマン教授は，就学前の子どもに対する教育投資効果に着目し，「就学後の教育の効率性を決めるのは，就学前の教育である」とする論文を，科学誌Scienceで発表した。

9章　生活や発達の連続性に考慮した保育

期からの発達と学びの重要性，小学校教育との接続の在り方」が明示されている。子どもたちの20年後にも通用するような力の基礎をどのように育むのかという大きな課題が幼児教育に課せられているのである。今こそ，この未来の社会を生き抜ける子どもを育てる保育とは何かを問い直すことが必要なのではないだろうか。

■求められる2つの保育技術

保育者の専門性は，幼児期の子どもの特性を理解して，「見守り」と「繋ぎ」という2つの保育技術で子どもの心身の健やかな成長を支え，保護者や進学する小学校を含めた地域の大人に向けて，その大切さを発信していくことである。

「見守り」は，子どもを好きなように遊ばせている「放任」や「傍観」ではない。また，怪我しないように子どもの機嫌を損ねないように「子守」をしているのではない。あくまでも遊びの主体は，子どもであり，子どもの自発性を尊重しながら，その子どもの発達に応じた環境，生活の流れに即した環境を計画的に構成していく力が必要である。このような保育者の「見守り」の下で，子どもは安心して自らの発達課題である遊びに没頭できるのである。

また，保育所や幼稚園は子どもが初めて経験する「社会」である。そこで，子どもは自分以外の多様な存在に気づくのである。集団生活のなかで，子どもが自己を発揮させながら，集団としても育ち合うような「繋ぎ」は生易しいものではない。

それでは，繋ぎについて考えるために事例をもとに考察してみよう。次のような時，保育者はどう対応するとよいのだろう。

事例1　「ぼくのプリン，壊した」

やっと園生活に慣れ，母親と泣かずに離れられるようになった3歳児ケンちゃんは，園庭の砂場で型に砂を詰めてひっくり返し，プリンを作る遊びが楽しめるようになった。そこへ，同じクラスのテルくんがやってきて，「ぼ

125

くもプリン作りたい。貸して」と，ケンちゃんの使っているプリンの型を貸
してもらいたがった。ケンちゃんは，無視して黙々とプリンを作り続けてい
る。「『貸して』って言ったら『どうぞ』って言うんだよ」と怒ったテルくん
は，強引にプリンの型を取ろうとして，ケンちゃんが作って並べていたプリ
ンをくずしてしまった。「ぼくのプリン壊した」とケンちゃんはべそをかき
ながら，テルくんに砂をかけた。2人とも大泣きである。

　さて，どうしよう。どちらの気持ちも理解できる保育者であれば，
よけいに悩むだろう。「貸して」と言われたら貸すというルールを
優先するのか，やっと没頭できる遊びを見つけたケンちゃんの気持
ちに添うのか。保育者は，それぞれの思いを受け止めつつ，一緒に
困ってやったり，解決の糸口を一緒に考えたりすることが大切だろ
う。「どっちも『ごめんなさい』と言おうね」と安易に解決を急ぐ
と，2人の悶々とした気持ちはくすぶり続ける。2人がお互いに相
手の気持ちを考えて一緒に遊べるようになるまでには，まだいくつ
かのプロセスを経ること，時間が必要だろうと，見通しを持って一
緒の時間を過ごす保育者の存在が大きい意味を持つと考える。

2　子どもの発達に目を向ける

■クラスのなかの個人差

　子どもの年齢が小さければ小さいほど月齢差は大きい。また，家
庭での経験の差，きょうだいの有無なども大きく影響する。ただし，
保育者の方が，「この子どもは3月生まれだから」とレッテルづけ
してしまうことはないように気をつけたい。
　指導計画のなかで，どの子どもも理解して楽しめる活動かどうか，
没頭できる時間はどれくらいか，スムーズに活動に取り組むため
の環境をどう整えるかなどが，具体的な保育案（日案）を立てる際，

9章　生活や発達の連続性に考慮した保育

保育者側の見通しを立てるために重要な視点である。

たとえば，こんな事例がある。

事例2　遊びの導入に個人差を生かす

　5歳児クラスの7月の遊びとして七夕の飾りを作ろうと計画し，クラス全員で作る時間を設定した。一斉に「ちょうちん」の作り方を説明しただけではどの子どもも理解できず，結局1人ひとりに手助けが必要で，とても時間がかかった。子どもも保育者も七夕を楽しむ心のゆとりがなく，大変な思いだけが残ってしまった。その保育者は，自分の保育計画を反省し，次の年は，お弁当の後三々五々好きな遊びをしているなかで，数人と「ちょうちん」を作ることから始めた。クラスの子ども全員が「作りたい」と七夕遊びが盛り上がった頃には，最初に作り方を覚えた子どもたちがリーダーとして，保育室のあちこちで教え合いが広がった。また，家庭で祖母に「アミの作り方教えてもらってきた」と，子どもたち自身がどんどん新しい飾りを増やしていき，家族も巻き込んでの楽しい七夕の行事になった。

　クラスのなかの個人差をうまく生かすことができるかどうかで，保育には差があることがよく分かっていただけただろう。

■ 1人の子どものなかの個人内差

　保育は，1人ひとりの子どもの発達をよく見極めていくことが大切である。しかし，1人の子どもの発達といえども，身体面・運動面・認知面・社会面など，発達にはいろいろな側面があるので，丁寧に子どもを見る目を養ってほしい。TK式こどもの社会性発達スケール ➡3 のように，保育者や保護者が子どもの発達を調べるための手がかりになる検査も数多くある。そこで大切なのは，こうした検査は，「できる」「できない」と子どもを評価するためのものではないということである。こうした客観的なものさしは，目の前の子どもがどのような特徴を持っているのかを知る目安のひとつにす

➡3　TK式子どもの社会性発達スケール「STAR」。3～6歳の子どもを対象として，「おもいやる」「ことば」「運動」「かんがえる」の4つの領域から発達をとらえることができる質問紙法検査。（青柳肇他編，田中教育研究所）。

127

ぎない。最近の乳幼児健診などでは，子どもの持つアンバランスを早期に発見されるようになった。早期に診断され療育を受けた子どもが入園してくることも多い。そうした時に，このような検査データを持ってくる保護者もある。その場合，それを参考にしつつ，保育者として保育のなかで子どもの得意なところや苦手なところをしっかり把握することが重要である。たとえば，人懐っこく対人関係は良好だが言語面の発達がゆっくりしているダウン症のアイちゃんと，大人のような言葉を使うが遊びに偏りのある自閉症のユウくんでは，保育場面では配慮することがまったく違う。砂遊びの場面を考えてもらいたい。

事例3 アイちゃん，ユウくんの好きな砂遊び

　アイちゃんが容器に砂を盛って「……り，……ぞ」と差し出した時，保育者は「アイちゃん，『おかわり，どうぞ』ってしてくれるの，ありがとう。じゃあもう1杯ください」と，アイちゃんの言いたいことを汲み取って対応する。そして，砂場の端で1人砂をすくってはパラパラと落とす遊びに興じているユウくんには，そっと隣りに座って，同じように砂を落としながら「サラサラ，きれいね」と感覚に訴えるかかわりをする。

　このように，個人内差に目を向けた保育は，子どもの得意なところを伸ばし，苦手なことを手助けする保育である。これは，障害のある子どものためだけではなく，個人差の大きい幼児期の子どもたちに必要な配慮を行い，違いを認め合える保育として，インクルーシブ保育 **⤵**4 と言う。

■「発達段階」ではない「発達過程」という考え方

　「発達過程」**⤵**5 とは，子どもの発達を発達年齢で画一的にとらえるものではなく，発達のプロセスを大切にしようとする考え方である。子どもが育つ道筋には，一定の順序性と一定の方向性がある

⤵4 インクルーシブ保育の定義は，「子ども一人一人の多様性と基本的人権を保障して，どの子どもも保育の活動に参加することを実現する保育」とされ

9章　生活や発達の連続性に考慮した保育

ことを踏まえ，保育の見通しを持つことが大切である。また，右斜め上に向かって一直線に伸びていくのが，発達のイメージではある。しかし，実際には，行きつ戻りつする場合もあり，時には停滞しているように見え，ある時急にひと皮むけたような姿を見せる階段状のプロセスをたどる。そこで，「発達段階」と言われるようになったのである。一般的には「知らないうちにできるようになった」と表現されることが多い。しかし，このような子どもの発達には，いくつかの節目を乗り越えて子ども自身が獲得していったことと，そのために用意周到に仕組まれた環境との相互作用があることを忘れてはならない。

たとえばある保護者から，「5歳になったから，箸を使わせようと思います」という相談があった。今までは，箸は危ないので一切触らせたことはなくフォークで食べさせていたそうである。しかしながら，5歳になったからといって突然箸で食べることができるわけではない。「箸が使える」という「段階」に至るまでには，親やきょうだいが箸でつまみ口に運ぶ姿を憧れの目で見て，自分も使いたいと見よう見まねで箸を握ってみる。何回もポロポロこぼしながら，「どうしたらうまくつまめるのだろう」と試行錯誤を繰り返す。その姿を気長に優しく見守ってもらい，時に「こんなふうに持ってごらん」と持ち方を見せてもらったり，うまく口に運べた瞬間「上手，上手」と褒めてもらったりする繰り返しがあってこそ，「気がついたら箸で食べるようになっていた」という結果になるのである。そのプロセスを，「発達過程」と言う。子どもと日々の生活を共にする保育者は，このような発達の特徴によく留意し，「発達のプロセス」を共に歩む存在なのである。

■連続性を踏まえて保育するために

子どもの発達過程をよく理解し，そこに保育の環境を準備，展開していくことが保育の醍醐味である。子どもは，保育所や幼稚園の

る。（浜谷直人他「特別支援対象児が在籍するクラスがインクルーシブになる過程——排除する子どもと集団の変容に着目して」『保育学研究』第51巻第3号，日本保育学会，2013，p.46）。

◀5　天野珠路「子どもの発達」『別冊発達』29，p.117。

生活全体を通して，自分を十分発揮することと他者と協調して生きていくことという相反する2面を両立させていく術を獲得する。この力こそが，社会のなかで人として生きていくための一番重要な力である。幼児期は，その大切なスタートラインなのである。

　具体例をあげよう。言葉が出始める前の2歳児クラスでは，子ども同士の噛み付きがよく見られる。友だちの持っているおもちゃが欲しくて噛み付く。また，横取りして噛み付かれる。その子どもたちを前に「どうして噛むの」「友だちを噛んではいけません」と言うだけでよいのだろうか。友だちという他者に興味を示し始めたことは大きい成長である。しかし，社会性の育ちにまだ言葉の育ちが追いついていない。そのもどかしさが「噛む」という行為であると理解できたのであれば，叱るより先に「あのおもちゃ面白いから欲しかったんだね」と気持ちを受け止めるだろう。そして，子ども同士の行動が予測できるのであれば，噛むという行動を起こす前に，保育者が間に入って，「貸してほしいね。『かーしーて』」と子どもの気持ちを代弁するだろう。子ども同士のトラブルをネガティブにとらえるのではなく，人との適切な関係の持ち方のモデルを示すチャンスとして受け止める。「噛み合い」をなくすために，1人1個ずつ平等に与えるという保育環境を設定することもあるが，いつもこうしてトラブルを避けるような対応では，子どもが人とかかわる学びを阻害していると言わざるをえない。子どもの怪我にはナイーブな保護者も多いが，「小さい擦り傷がたくさんある子どもは大きい怪我をしない」と言うように，おおらかに見守る重要性を伝えたい。子ども同士の小さなトラブルは，人間関係の修復のトレーニングである。こうした争いを乗り越えていく力を育まないと，自分の都合のよいこと以外を排除しようとする「いじめ」に繋がる。このような将来の姿を見通して，保護者の理解を促すことが大切である。目の前のわが子のことしか見えない保護者も，子どもを保育するのと同様に支援する子育て支援　6　が現代の保育者にはより

6　今回の保育所保育指針では，保護者への支援が「子育て支援」と示された。これは，子どもを社会全体で育てるという「子ども・子育て支援新制度」の理念を反映させて，保育所もその一翼を担う施設として地域の子育て支援の拠点となる役割が明示されている。

9章　生活や発達の連続性に考慮した保育

一層強く求められているのである。

3 子どもの24時間の一部としての保育時間を考える

■「今・ここ」でない家庭や地域に目を向ける保育者

　ある保護者から，次のような話を聞いた。保育所からの帰り，スーパーで，子どもが「こんにちは」と母親の知らないおばさんに声をかけていた。子どもの説明を聞くと，どうやらそのおばさんは保育所へ絵本の読み聞かせに来てくれている人らしい。「また，来週行くからね」と笑顔で別れた２人の姿を見て，母親は「保育所は，私たち家族と地域を繋いでくれている」と実感したそうである。日々の仕事に追われる家庭では，地域との繋がりが持ちにくく孤立しやすい。しかし，こうした保育がきっかけで，子どもから家庭と地域との繋がりが生まれる。

　保育所や幼稚園では，「地域との連携」のひとつとして園の行事に，地域の人や小・中学生と触れ合う機会を盛り込んでいる。その効果は，行事をしている時間だけではなく，日常生活に染み込んで子どもの生活空間を豊かにしている。こうしたことに保育者の「気づき」があれば，行事をただこなすということだけでなく，１人ひとりの「繋ぎ」として，顔の分かる触れ合い，共に時間を共有することに重きをおいた保育の展開を考えていけるのではないだろうか。

■子どもに必要な時間・空間・仲間を補完する

　子どもを取り巻く環境の変化から，子どもにとって必要な，自分で自由に使える時間，自分たちで遊べる自然環境や空間，一緒に遊べる仲間の３つの「間」が減少したと言われている。日坂歩都恵➡7は，子どもは友だちが多いほど，運動能力が高く，情緒的・社

◀7　日坂歩都恵「子どもの健康と環境」原田碩三編『子ども健康学』みらい，2004，p.22。

会的・知的な面も優れており，子どもの集団遊びを重視せず，子ども同士が気づき，考え，話し合い，協力することを軽視した保育者主導の保育は集団保育と言えず，子どもの発達を保障できないと言う。社会や日常生活に浸透してきたコンピューターには備わっていない人間特有の力，感性や感情，コミュニケーション力を育むことがこれからの保育の大切なキーワードであるとも言われている ➡8。

「遊び」を日々見つめる保育者ならではの「間」の重要性を今こそ大切に考えていきたいものである。

そのために，子ども目線で園を取り巻く環境を見直すことから始めよう。ある保育園は駅に近く通勤に便利な場所で，保護者に人気が高い。しかし，雑居ビルの2階で，園庭はなく狭いベランダに人工芝を敷いたスペースが唯一子どもの外遊びできる場所である。対して，商業地の真ん中にある80年の歴史を持つ幼稚園は，子どもに必要な自然を守り続け，1年中ザリガニが釣れるビオトープ ➡9 もある。都会のオアシスのような緑豊かな環境を子どもたちに提供できるよう歴代の保育者が，園周辺の落ち葉の掃除などを続け，地域から苦情が出ないよう取り組んでいる。直接子どもにかかわることだけが保育ではない。子どもに大切な「3つの間」を保障するよう周りの環境に働きかけるのも重要な仕事のひとつなのである。

4 遊びと生活を共にするなかでの育ち合い

■一体感からの関係の広がり

このエピソードで，保育者の果たした役割を考えてみよう。

事例4 取り残された悲しみに寄り添う

お弁当の後「ミキちゃんなんか大嫌い」とべそをかきながら保育者のそばにやってきた5歳児のユウコちゃん。理由を聞いてみると，「ミキちゃん

➡8 汐見稔幸「これからの園に求められる21世紀型子育て支援システムとは」『これからの幼児教育』2012夏号，p.7。

➡9 元々は，生物の生息環境を意味する生物学の用語。学校教育における環境教育の一環として取り入れられた人為的に再生された自然生態系の観察モデル池。

9章　生活や発達の連続性に考慮した保育

> と，お弁当食べたら，朝の続きのファッションショーやろうって言っていたのに，ミナちゃんと竹馬乗りに行っちゃった。約束破ったからミキちゃんが悪い」ということだった。「そうか，置いてきぼりになっちゃったんだね」と，ユウコちゃんの取り残された感覚や自分のやりたいことができない苛立ちを一緒に味わうようにそばに寄り添う。しばらくして，「どうする，先生もミキちゃんのとこに一緒に行って，ミキちゃんの気持ちを聞いてみようか？」と返していくと，意を決したように「いい，私1人で行ってくる」と園庭へ駆け出した。その後「ミキちゃんに言ったら，『ごめん，ユウコちゃんがお弁当食べ終わるまでと思ってたんやけど，忘れてた』って」と2人で仲良く戻ってきて，ファッションショー用のドレスにリボンをつけ始めた。

　保育者は，ユウコちゃんの「悲しみの荷物」を一緒に持っていたのである。そして，「悲しみの荷物」の重みが半分になったからこそ，ユウコちゃんはもう一度主体的に友だちとの関係を結び直す力を取り戻したのである。

　このように保育者は，プラスの側面を伸ばす「教育」の部分に比重をかける傾向があるが，子どものマイナスの側面やネガティブな感情に寄り添う「養護」の側面も忘れてはならない。誰もが持ちたくない「負の荷物」を一緒に持ちながらも，それに潰されずに生きている姿を大人が見せること，それが子どもを「キレる人」にさせない重要なポイントである。

■子どもの発達の「最近接領域」を保育環境に

事例5　ザリガニ持てたよ

　6月の保育室には，ザリガニを入れたたらいがいくつも増える。当番の子どもたちが，水を替え餌を入れて世話をしている。クミちゃんは，元々生き物と触れ合う機会が家庭生活ではなかったせいか，マルムシを手に乗せられるようになったのもクラスで一番最後だった。当然ザリガニは触れない。そ

のため当番の時には，ザリガニの引越しが終わったたらいをタワシで磨く係を引き受けている。保育者は「くさいのを我慢して掃除してくれているね，ザリガニも綺麗になって喜んでいるよ」と友だちの嫌がる仕事を引き受けるクミちゃんを認めている。どんなに大きなザリガニでも平気で触れるユウタにも「ありがとう，たくさんのザリガニのお引っ越し，ユウタくんがどんどんしてくれるから助かる」と声をかける。この保育者は1人ひとりの子どもの良さを認めていることがよく分かる。このようなクラスでは，子ども同士も互いに認め合い，自然に「クミちゃん，ぼくが一緒に持っているから，ザリガニのここ持って」と助け合う。「大きいのはこわいから，こっちの小さいのを取って」と頼んで，ユウタくんと一緒にザリガニを持つことができたクミちゃんは，本当に嬉しそうだった。

➡10 発達の最近接領域（Zone of Proximal Development：ZPD）。 問題解決において，援助なしで子どもが達成できることと，より発達的にレベルが高い者（友だちや年長者，大人等）の援助があれば達成できることとの差と定義されている。

発達の最近接領域 ➡10 とは，ロシアの発達心理学者ヴィゴツキー（Vygotsky, L. S., 1896-1934）が提唱したものである。子どもが新しいことにチャレンジする時，自分1人の力でできる時と大人がほんのちょっと手助けをしてできる時がある。この2つの水準のズレのことを発達の最近接領域と言うのである。このズレの部分が子どもの持っている成長可能性である。レディネス（readiness）と呼ばれる発達を前提に教育が成り立つのではなく，教育がなされることで発達が生み出されるのである。保育のなかではそういう友だちとのかかわりのなかでちょっとがんばったらできたという体験を積み重ねていくような工夫をすることが大切なのである。

このクミちゃんの事例のように，いつも保育者が「ほんのちょっとがんばればできる」環境を準備するだけではなく，子ども同士協同する体験のなかで，自然に「ちょっとがんばってやってみよう」と思えるような場を設定することが大切なのである。

幼児同士が考えを出し合い，協力し工夫する「協同的な学び体験」を，いかにうまく自然な形に保育者が仕組むかがポイントとなる。この「協同的な学び体験」を積み重ねることこそが，小学校以

降の学習や生活において，物事に対する関心や学習意欲を深めるとともに，小学校低学年の生活科や高学年の総合的な学習の時間などでの集団学習の場で力が発揮できる原動力となるのである。

参考図書

秋田喜代美『保育の心もち』ひかりのくに，2009

上野一彦監修『U-CAN の発達障害の子の保育』ユーキャン学び出版，2013

厚生労働省『保育所保育指針（平成 29 年告示）』2017

佐伯胖編『共感——育ち合う保育のなかで』ミネルヴァ書房，2007

佐々木宏子『なめらかな幼小の連携教育——その実践とモデルカリキュラム』チャイルド本社，2004

竹田契一監修，松本恵美子・藪内道子・高畑芳美著『乳・幼児期の気づきから始まる安心支援ガイド——発達障害 CHECK & DO』明治図書出版，2010

内閣府・文部科学省・厚生労働省『幼保連携型認定こども園教育・保育要領（平成 29 年告示）』2017

名須川知子・大方美香監修，伊丹昌一編著『インクルーシブ保育論』ミネルヴァ書房，2017

明神もと子編著『はじめて学ぶヴィゴツキー心理学——その生き方と子ども研究』新読書社，2003

文部科学省『幼稚園教育要領（平成 29 年告示）』2017

10章 家庭，地域，小学校との連携を踏まえた保育

　多くの子どもたちは家族に見守られながら日々成長している。その一方で，子育ての責任を担う親は，経験も知識も不十分なままに手探りで子育てをする毎日である。わが子の成長に一喜一憂し，同時に自分たちの子育てが適切かどうか思い悩む。子どもに自我が芽生えると，その言動に戸惑い，年齢に応じたしつけの方法について試行錯誤する日々が続く。そして気がつけば，小学校に就学する時期を迎える。子どもの成長に寄り添いながら，親もまた成長するのである。保育者を目指す者は，育児の責任と不安を抱きつつ，思い悩み，答えを見出していく養育者の姿を受け止めながら協働する役割が求められていることを自覚すべきであろう。

1 家庭と幼稚園，保育所の連携

（1）保護者と共に子どもの成長を見守る保育者の役割

　近年，核家族世帯やひとり親世帯が年々増える傾向にあり，逆に三世代同居の世帯は少なくなっている。子育て家庭が地域的にも社会的にも孤立しやすく，子育ての知恵や体験の継承が困難になりつつある。またアルバイトや派遣社員などの雇用形態や労働時間帯の多様化に伴って，家庭の養育環境は大きく変化しつつある。親の過干渉や，ひるがえって育児放棄や身体的虐待など，子どもとの間に適切な距離をとり，関係性を築くことができないことに起因する問題状況も顕著になっている。幼稚園と保育所，小学校が連携を強めながら，親子を見守り支えていく必要性が高まっている。親子関係

10章　家庭，地域，小学校との連携を踏まえた保育

や家族関係が良好に維持され，温かい絆を強めていくためにも，子どもの家庭生活全体を視野に入れて，親子の共なる成長を見守っていくことが保育者に求められている。

■幼稚園における家庭との連携

幼稚園教育要領では，「各幼稚園の教育目標を明確にするとともに，教育課程の編成についての基本的な方針が家庭や地域とも共有されるように努めるものとする」（第1章「総則」第3，2）とされ，幼児期の教育に関する理解が保護者の間で深まっていくように配慮することが明記されている。学校教育法においても「幼児期の教育に関する各般の問題につき，保護者及び地域住民その他の関係者からの相談に応じ，必要な情報の提供及び助言を行うなど，家庭及び地域における幼児期の教育の支援に努めるものとする」（第24条）と記されており，子育ての支援を行う必要性が明記されている。幼稚園での具体的な方法としては，主に預かり保育の実施である。これは通常の教育時間が終わった後に保護者の希望があった園児を対象として時間を延長して預かるという活動である。保育内容や形態は，地域のニーズや設置状況などに合わせて実施されている。

また，幼稚園教育要領では「幼児期の教育の支援」を目的に，教育課程に係る教育時間終了後等に行う教育活動が実施されている（第1章第7）。この他，「家庭との緊密な連携を図るようにすること。その際，情報交換の機会を設けたりするなど，保護者が，幼稚園と共に幼児を育てるという意識が高まるようにする」◀1 ことが明記されている。幼稚園における子育ての支援は，子育てに不安を抱えている保護者に対して保育者が相談や助言を行うことによって，保護者の養育力の向上を図ることを目的としている。また親子関係だけではなく，親同士の関係づくりや幼児期の子どもの身体的，精神的な発達への理解を深めることも目指されている。保護者の関心が他の子どもへと広がり，地域で子どもを育てる者同士が結びつくこ

◀1　幼稚園教育要領　第3章「教育課程に係る教育時間の終了後等に行う教育活動などの留意事項」1（3）。

137

とで，地域住民の相互関係が深まり，子どもの成長を共に見守る姿勢が整えられていく。

また，2017（平成29）年に改訂された幼稚園教育要領には，小学校との連携を重視した留意事項が記されている。

（1）幼稚園においては，幼稚園教育が，小学校以降の生活や学習の基盤の育成につながることに配慮し，幼児期にふさわしい生活を通して，創造的な思考や主体的な生活態度などの基礎を培うようにするものとする。

（2）幼稚園教育において育まれた資質，能力を踏まえ，小学校教育が円滑に行われるよう，小学校の教師との意見交換や合同の研究の機会などを設け，「幼児期の終わりまでに育ってほしい姿」を共有するなど連携を図り，幼稚園教育と小学校教育との円滑な接続を図るよう努めるものとする。

「幼児期の終わりまでに育ってほしい姿」は，2018（平成30）年度から適用（施行）される「保育所保育指針」や「幼保連携型認定こども園教育・保育要領」にも明記されている。幼稚園は子どもと家族の将来を見据えた教育的視点に立って，子育ての支援および教育を展開していくことが求められる。

■保育所における家庭との連携

保育所保育指針では，保育所の役割として「保育に関する専門性を有する職員が，家庭との緊密な連携の下に，子どもの状況や発達過程を踏まえ，保育所における環境を通して，養護及び教育を一体的に行う」（第1章「総則」1「保育所保育に関する基本原則」（1）「保育の役割」イ）ことを特性としている。さらに保育指針では，「子どもの育ちを家庭と連携して支援していくとともに，保護者及び地域が有する子育てを自ら実践する力の向上に資する」（第4章「子育て

10章　家庭，地域，小学校との連携を踏まえた保育

支援」）と明記された。保育所は，家庭との関係を深めながら保護者の子育てにも積極的にかかわっていくことが求められている。

　保育所に子どもを預けている保護者の多くは，夫婦ともに就労している。保護者の就労形態や就労状況によって保育のニーズが多様化しているなかで，延長保育 ➡2 や休日保育 ➡3，さらに病後児に対する保育 ➡4 など，さまざまな保育サービスが充実しつつある。また保育所に入所している子どもの保護者だけでなく，地域における子育て支援も含め，子どもの最善の利益を考えながら，地域に住むすべての子どもたちがよりよく成長していける環境の一端を，保育所が担うことが要請されている。

（2）保護者の養育力の向上を支援する

　保育者は，子どもの最善の利益を第一として，保護者の養育力の向上を支援することが期待されている。保護者の気持ちを受け止める受容，子どもの成長を共に喜ぶ共感，子育ての知識・技術の伝達，保護者の自己決定の尊重，地域の関係機関や団体と連携していくノウハウなど，専門家としての職能が求められている。保育の専門家による支援があってこそ，保護者はゆとりを持って子どもと向かい合い，子育てへの意欲を高め，主体的に子育てに取り組めるようになる。つまり保護者の養育力を向上させていくことが，保育者の支援目的であると言える。以下，1つひとつ確認していこう。

・保護者の気持ちを受け止める受容

　保護者の姿を受け止めて理解することが受容である。要求を受け入れるだけの許容や容認とは区別されるべきである。

　たとえば，保護者からの意見や要望に対して，「保護者が求めることだから」と安易に取り入れたり従ったりすることで，相容れない要求の取りまとめや事態を取り繕うことに追われることがある。その結果，信頼関係を壊してしまうということになりかねない。ま

➡2　保育所に規定されている11時間の開所時間の前後30分から1時間を行う。それを基本として，2時間から6時間までの延長時間を5段階に設定して実施する長時間延長保育促進基盤整備事業がある。

➡3　日曜や祝日などに仕事がある家庭を対象にして行われる事業。市町村や委託された保育所経営者によって，年間を通じて開所することを原則として実施され，開所時間は家庭の状況などを考慮して市町村長が定める。

➡4　病気の子どもの一時預かりや，保育中に体調不良となった児童への緊急対応を行うことにより，保護者の子育てと就労の両立を支援することを目的に2007年度から実施されている。回復期にある場合に対応する病後児対応型が多い。

139

た保育者は短絡的に道徳的観念や，自らの価値観に頼って，保護者に対して批判的な態度をとるべきではない。なぜなら保護者は，1人ひとり自我が確立している大人であり，固有な価値観を持っているからである。それを認め理解しようとする保育者の姿勢が援助の基本になる。たとえば，保護者の行動に気になるところが多かったりする。保育者が上から目線で「子どものために○○してください」と一方的に指導を入れたとしよう。すんなりと納得する保護者もいるが，なかには自分なりの考えや対応を否定されたと感じ，反発したり，無力感を抱いてしまう人もいるであろう。保育者は常に専門的，客観的な視点を持ちながら，保護者の置かれている状況やそのパーソナリティ，気持ちの変化を受け止め，「そうせざるを得ない気持ち」に寄り添う意識を持つことが重要である。そうした対応が結果的に信頼関係の構築に繋がり，適切で有効な支援となっていくのである。

・子どもの成長を共に喜ぶ共感

　保育者と保護者が共に子どもの成長する姿を見守ることは，子育ての協働者としての絆を深める機会となる。こうした関係を結ぶうえで大切なことは，保護者が自らの気持ちを表出できるような言葉がけや，タイミングの良いかかわりを意識することである。保育者が一方的に保護者を支えるのではなく，時には対等な立場で子育てを考えたり悩みに共感したりする姿勢が必要である。たとえば子どもが成長したと実感できる場面で，保護者が子どもの育ちを「かわいくない」とか「言うことを聞かない」などと否定的に言うことがある。しかしこうした負のメッセージが，実は愛情表現の裏返しだったりする。保育者は必ずしも言葉どおりに受け取らないように心がけたい。保護者の言葉を受け止めた後に，子どもの長所や育ちについて話題を振り向けることで，子どもの成長を実感できる方向へ転換させることが大切なのである。日々の保育のなかで，保育者

10章　家庭，地域，小学校との連携を踏まえた保育

は子どもとかかわりながら，小さな成長とその積み重ねを数多く実感している。保育場面でのほんのささいな出来事を保護者に伝えて，それが子どもの育ちに必要であることを保護者に理解してもらうことが大切である。その積み重ねによって，保護者自身が日々の家庭での子育てを振り返る視点を持ち，前向きに子育てに取り組んでいける可能性を開いていくのである。

・保護者に対する子育ての知識・技術の伝達

　保護者に子育てのための知識や育て方の技術を伝えることは，保育相談支援の課題である。柏女霊峰・橋本真紀は，保育相談支援のもとになる保育技術について，次の5つに分類している（表10-1）。
　保護者に対して子育ての知識や技術を伝達するための具体的方法として，支持，承認，助言，情報提供，物理的環境の構成，行動見本の提示，体験の提供などがある。これらは実際のケースに応じて，総合的に展開されていくものである。たとえば，保護者の考え方を支持，承認しながら，必要に応じて情報を提供したり，子どもの行動に戸惑っている保護者に対して，実際に保育者が子どもとのかか

◀5　柏女霊峰・橋本真紀『保育者の保護者支援——保育指導の原理と技術』フレーベル館，2008，p.192より筆者作成。

表10-1　保育技術の内容 ➡5

発達援助の技術	発達過程にある乳幼児の1人ひとりの心身の状態を把握し，その発達の援助を行うために活用される技術
生活援助の技術	子どもの食事，排泄，休息，衣服の調整（着脱）等を援助する技術，および子どもの日課を把握し調整する技術
関係構築の技術	子どもの人に対する愛情と信頼感を育むことや，子どもの発達や生活を援助するために基盤となる関係構築のための技術
環境構成の技術	子どもが環境との相互作用における多様な体験を通じて自らを育むことを，環境構成によって支える技術
遊びを展開する技術	遊びを通して乳幼児期にふさわしい体験を提供する技術

141

わりを示しながら助言したりする。その際に注意したいのは，保育者が子育ての知識や技術を単に伝えるだけでは十分とは言えない。つき放すような態度や保護者が不安を覚えるような支援は慎みたい。保護者自身が子どもへの興味や関心を高められるきっかけを与えることが大切である。また保護者が保育実践や行事などに参加することで実際に子育てに役立つ知識や技術を体験的に習得する機会をつくることも必要である。

・信頼関係を基本とする保護者の自己決定の尊重

　保護者の養育力は自らが当事者意識を持って子育てを体験することで向上していく。保育者は保護者自らが子育てをめぐり選択，決定することを尊重し，手助けをすることを常に心掛ける。つまり保育者は，保護者を尊重しつつ，客観的な視点を持ちながら子育てを支えることが必要だと言える。たとえ保護者の判断が保育者の価値観とは異なっていても，「保護者が決めたことだから」と見放したり，「ご勝手にどうぞ」と受け流したりするようでは，保護者は孤立感，孤独感に苛まれることになってしまう。保育者は，判断に至るプロセスを尊重して，保護者の揺れ動く心情に寄り添い，迷い悩む気持ちを受け止めながら，一緒に子育てをつくり上げていく姿勢を示すべきである。また保護者の自己決定を尊重するためには，お互いの信頼関係が基本になる。保育者は，保護者の育児能力を問う前に，まず信頼し，子育てをめぐる課題や問題解決に向けて力を合わせて取り組む姿勢を示すことが大切である。そうすることで，保育者は保護者からの信頼を得ることができるのである。

10章　家庭，地域，小学校との連携を踏まえた保育

2 地域と家庭との連携

（1）世代を越えて地域で子育てを考える

　「地域」とはどこまでの範囲を指すのだろうか。町単位をイメージする人がいれば小中学校区を思い浮かべる人もいる。向こう三軒両隣のご近所と答える人もいる。人々の認識はさまざまであるが，地域という言葉には相互扶助や共同性というキーワードをイメージする人が多いだろう。

・地域における相互扶助の変遷
　年配の方々から「昔はよかった」という言葉をよく耳にする。単にノスタルジックな感慨として片づけることはできないように思われる。その昔，地域という言葉は地縁や血縁の繋がり，また衣食住，労働や信仰的な繋がりを連想させるものであった。地域とは，人と人との繋がりが連綿と受け継がれ，共同意識が育まれ，互いに助け合いながら絆を確かなものにする空間を意味していた。
　一方，現在の地域形成は大きく様変わりしている。家内業や農業は後継者不足が深刻であり，第2次・第3次産業の就労比率は増加し続けている。それに伴って地域も家族も大きく姿を変えつつある。多くの人々が住みなれた故郷を離れ，都市やその周辺に暮らすようになった。世代交代がすすみ，今では見知らぬ人たち同士が隣り合わせに住んでいても何ら不自然に感じないようになった。仕事と住地域との距離が遠くなり，職住一致によって保たれていた地域性が喪失していった。コミュニティの文化や伝統に根ざした行事もないなかで，人との繋がりを密にしていくことが難しい現状である。

143

■子育て家庭の理解と社会資源の活用

　時間と空間を共有しながらも共通の価値観を見出すことが難しく，住民同士がかかわる機会も減少するなかで，子どもを持つ家族の孤立も深刻になっている。地域の人々と共に子どもの成長を見守り，喜びを共有する機会がなくなりつつあるからである。そのような子育て家族，とりわけ子育ての主たる担い手である母親には，地域による相互扶助が十分発揮されていた従来の子育てイメージではかれない悩みや葛藤が発生する。育児不安と呼ばれる気持ちは，疑問や心配事が一時的に表出するのではなく，継続的に蓄積される感情的に不安定な状態のことをさしている ➡6。

　子育ての知識や経験が乏しい母親にとって，子どもを終日世話する苦労とストレスは，想像を絶するものがある。社会的に孤立したなかでわが子と向き合いながら，「ひとりで頑張らなければいけない」と精神的に追い詰められていく。しかしそうした身体的・精神的ストレスは，社会や家族の形の急激な変化のために，地域で子育てに取り組んできた他世代には理解しがたい側面を持っている。

　子育て支援の重要な課題は，このように社会的，世代的に分断されつつある地域の人々の関係を，再び結びつけていくことである。そのためには各々の地域にある社会資源を活用し，同じ地域に住んでいる世代の違う人々を巻きこんだ支援を展開していくことが求められるのである。

（2）専門機関，地域住民との連携

　地域の公的な社会資源は保育所や幼稚園のほかに，小中学校や市区町村などの自治体，児童相談所，保健所・保健センター，児童家庭支援センター，社会福祉協議会などがある。病院などの医療機関や療育機関等，特別なニーズを必要とする専門機関もある。公民館は地域を基盤として一般的に広く知られている社会教育機関であり，

➡6　牧野カツコ「乳幼児をもつ母親の生活と不安」『家庭教育研究所紀要』3，1983，pp.34-56。

10章　家庭，地域，小学校との連携を踏まえた保育

子どもから高齢者まで幅広く活用されている。これらの施設を利用して民間と地域の人々が主体となってさまざまな活動が展開している。地域子育て支援拠点事業に基づく子育てサークルや子育てサロン，ファミリー・サポート・センターやNPO法人，子育て支援コーディネーター ➡7 など，子育て家庭を対象とする活動が継続的に行われている。

◀7　子育て支援コーディネーターは，市区町村における支援サービス情報を把握し，子育て家庭の包括的支援や子どもの育ちを見通すコーディネート等について，地域資源を生かして行う。

■地域の拠点としての保育所の役割と機能

子育て家庭にとって，最も認知・利用されている保育施設は保育所や幼稚園である。特に保育所は，乳児期の子どもを持つ働く親にとっては身近な存在であろう。保育所は地域に開かれた子育て支援の拠点として，地域の保護者に対して，保育所保育の専門性を活かした支援を積極的に行うよう努めることが明記されている。また，地域の子どもに対する一時預かり事業などの活動を行う際には，1人ひとりの心身の状態を考慮し，日常の保育との関連に配慮するなど，柔軟に活動を展開できるようにするとされている（保育所保育指針第4章「子育て支援」3「地域の保護者等に対する子育て支援」（1）アおよびイ）。

保育所は子どもや子育てに関する情報を集積し，保育活動を通じて蓄積してきた保育技術を持っている。これらの情報や技術は，施設内だけの業務に限定されるものではない。児童虐待が深刻な社会問題となるなかで，資源や情報を提供しつつ子育てを支援する保育所の存在意義を見直す動きが顕著になっている。実際，地域の家庭と関係機関を繋ぐネットワークを構築している保育所が増えている。それぞれの地域の実情に応じ，地域の関係機関を繋いでいく保育所の役割は，今後ますます重要になるであろう。

■地域子育て支援拠点事業での支援

子育て支援は保育所の他に，地域の在宅子育て家庭を対象とした

145

▶8 内閣府
「平成29年度版
子ども・若者白
書」厚生労働省
資料より。

地域子育て支援拠点事業が役割を担っている。地域子育て支援拠点事業は，2016（平成28）年度で，7063カ所に上っている **▶8**。事業には一般型と連携型があり，それぞれの成り立ちによって実施形態や主体者が異なっている。一般型は，常設の地域の子育て拠点を設け，地域の子育て支援機能の充実を図る取り組みを実施しており，保育所と併設で実施されているところが多いが，公共施設の空きスペースや民家を柔軟に活用するところもある。都市部では需要が高いので保育所と併設せず，独自に設置されている。

地域資源を活用した取り組みのひとつとして，子育ての当事者が主体的にかかわるサークルやサロンなどがあげられる。子育てが一段落したスタッフが自分の体験に基づいて子育て真っ最中の家族にかかわり，悩みごとや相談を受け止めていく実践が普及しつつある。また民生委員や児童委員，NPO，ボランティアサークルなど，地域には子育て家庭の支援に活用できる人的資源がある。これらの人々が主となって乳児の全戸訪問事業 **▶9** が実施されている。引っ越してきたばかりの家族にとって，見知らぬ土地での生活や子育ては不安やストレスを抱えやすい。このような事業活動によって，子どもをきっかけに地域の人たちと話す機会が増えたり地域の情報を得るためのチャンネルが開かれたりするのである。

▶9 乳児家庭
の孤立化防止や
養育上の諸問題
への支援を図る
ため，乳児がい
るすべての家庭
を訪問し，子育
て支援に関する
情報提供や養育
環境等の把握，
育児に関する不
安や悩みの相談
などの援助を行
う（こんにちは
赤ちゃん事業）。

・地域資源を活用した子育て支援と虐待防止の取り組み

核家族にとって主たる子育ての担い手は母親である。しかし地域に血縁がなく知人も少ないなかでは，誰にも頼らずに育児に取り組まなければならない。夫婦の間でさえ，親役割に対するストレスに相違が見られることは，母親の孤立感を象徴していると見なすことができよう（図10-1）。

また就業によって外に出られる父親とは異なり，母親は家のなかで子どもと対峙する状況が続くため，社会から隔離されていると感じ，育児だけをしている自分への不安や焦りを覚えるようになる。

10章 家庭, 地域, 小学校との連携を踏まえた保育

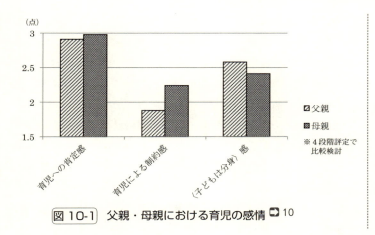

図10-1 父親・母親における育児の感情 ▶10

▶10 柏木惠子・若松素子「『親となる』ことによる人格発達——生涯発達的視点から親を研究する試み」『発達心理学研究』5 (1), 1994, pp.72-83 より筆者作成。

表10-2 児童虐待の防止等に関する法律による子ども虐待の定義

身体的虐待	児童の身体に外傷が生じるか, または生じるおそれのある暴行を加えること。
性的虐待	児童にわいせつな行為をすること, または児童をしてわいせつな行為をさせること。
ネグレクト (放置)	児童の心身の正常な発達を妨げるような著しい減食, または長時間の放置, 保護者以外の同居人による身体的虐待, 性的虐待および心理的虐待と同様の行為の放置, その他の保護者としての監督を著しく怠ること。
心理的虐待	児童に対する著しい暴言または著しく拒絶的な対応, 児童が同居する家庭における配偶者に対する暴力。その他の児童に著しい心理的外傷を与える言動を行うこと。

そのような状況が児童虐待を招きやすいことが指摘されている（表10-2）。

保護者の未熟さを虐待の原因と見なすことは簡単である。しかし, そうした短絡的理解は根本的な解決に繋がらない。なぜなら, 虐待の原因は親の養育能力の不足だけではなく, 家庭内における心的なストレスや社会的な孤立や, 子どもの障害や疾患, 一時的な発達の遅れなど, 子どもに起因する場合がある。また親自身の生育歴など,

さまざまな要因によって引き起こされている場合もある。子どもの生命を保持し，成長発達を保障するには，保育所をはじめとする公的機関が積極的にかかわることはもちろん，そのためのネットワークづくりや，さまざまな場面を想定したマニュアルの作成，研修などが不可欠である。

それでも，公的な社会資源の適用範囲には限界がある。なぜなら子どもが成長し生活していく基盤は，やはり家庭や地域が基本であるからである。子育ての当事者である保護者やそれを支援する地域住民が子どもの成長に対する各自の責任と役割を自覚しなければならない。保育者には，子どもの最善の利益を守ることを第一に考えながら，地域に暮らす人々の世代を越えた連携を支えることで，子育て家庭を支えていくことが求められている。

3 地域の教育機関と専門機関との連携

（1）家庭・保育から小学校への移行

・教育関係機関（幼稚園・公民館・学校など）

幼稚園は，少子化や共働き家庭の増加に伴って，通常の4時間を超えて保育をする預かり保育や保護者との協力や相談活動など，地域の子育て機関としての役割が期待されている。

公民館は，地域を基盤とした社会教育施設であり，子どもから高齢者まで幅広く活用されている。最近では，子育てサークルの利用や地域子育て支援拠点事業に基づく定期的な活用，さらには親の学習や交流を目的とした子育てサロンの実施など，子育て家庭を支援する活用機会が増えている。

小学校，中学校，高等学校なども，地域の子育てを支援していくうえで連携を図ることが期待されている。小学校1年生の学級・授業不成立，いわゆる「小1プロブレム」が話題になっているように，

10章　家庭，地域，小学校との連携を踏まえた保育

さまざまな原因で，学校生活になじめない児童が増加している。その背景として虐待，放置，経済的理由，発達障害などを無視することができないとされている。このような問題に対応するために，教員をはじめスクールカウンセラーやスクールソーシャルワーカーなど，専門的な知識を持った職員が対応にあたっている。

　民生委員・児童委員は，地域住民から選出される支援者である。これらの人々は地域のボランティアとしてさまざまな相談活動や支援活動を行っている。活動内容は多岐にわたっていて，児童虐待の早期発見や子育て家庭への支援や見守りなど，その役割も大きくなっている。

（2）公的な専門機関との協働

　地域住民と子育て中の家族がかかわりを深めながら身近な関係を形成していくことが期待されている。その一方で，互いのプライバシーは保護されなければならない。家族の生活が地域と密接に結びついていた時代とは異なり，仕事先を含む生活範囲が広がっている現代では，地域住民同士，互いの生活様式や価値観を理解することが難しくなっている。現代ではプライバシーが保護され，安心して相談または支援を受けることができる社会資源が必要なのである。行政による専門機関は，社会的養護の責任とともに対象者の個人情報の保護という面からも，支援者の信頼に応えることが期待されている。

■専門家による行政機関の社会資源

・児童相談所

　児童福祉法第12条によって，都道府県などに208カ所（2016（平成28）年現在）▶11 設置されている。業務内容は，①地域の枠を超えた実情の把握，相談，指導，②医学的・心理学的，教育学的などの判定，③一時保護などである。そのほかにも里親に関係する委託

▶11　厚生労働省ホームページ「児童相談所関係資料」より。

149

や相談など広域的で高い専門性を必要とするケースに対応すること
が求められている。児童福祉司，児童心理司，保育士などが専門知
識を持つ職員として従事している。

・保健所・市町村保健センター

　これらの施設は，地域特性を考慮しながら保健・衛生・生活環境
などのニーズに対してきめ細かく対応することを目的にしている。
保健所は都道府県，政令指定都市，中核市，その他などに設置され
ていて，2017（平成29）年4月時点で481カ所ある ➡12。市町村
保健センターは，2017（平成29）年4月現在で2456カ所設置され
➡13，多様化する地域や住民のニーズに対応するために市町村が
任意で設置している。業務内容は健康相談，保健指導，健康診査な
どのほかに，子育てサークルの支援やファミリー・サポート・セン
ター事業の実施など，行政の子育て支援の拠点としても中心的な役
割を果たしている。

・児童家庭支援センター

　地域の家庭生活や子どもに関する相談を常時受け付ける。一般的
な相談のほかに電話相談，相談者のカウンセリング，緊急を要する
短期支援事業（ショートステイ）などが行われている。相談内容に
よっては専門的な知識や技術が必要なケースがあるため，職員は児
童福祉の経験を十分積んでいること，相談支援や心理療法などの専
門的な知識を持っていることが望ましいとされている。ほかにも家
庭を取り巻く地域の関係機関（児童相談所，保健センター，病院，教
育機関，保育所など）と連携して，情報提供や協力関係を図りなが
ら総合的な支援にあたっている。

（3）子育て家庭へのネットワークと共有意識

　子育て支援においては，公的な専門機関である自治体や保育所，

➡12 厚生労働
省ホームページ
「平成29年度保
健所数一覧」よ
り。

➡13 厚生労働
省ホームページ
「平成29年度市
町村保健センタ
ー数一覧」より。

10 章　家庭，地域，小学校との連携を踏まえた保育

福祉事務所，児童相談所，保健センターや地域子育て支援センター，教育関係機関である幼稚園や学校などとの連携が鍵となる。これらの社会資源を，子育ての当事者である保護者にとってより有効に機能させるために，それぞれの機関が互いの機能や特徴を把握することは不可欠である。各々の業務範囲を理解し，情報の共有化を進めることで，子育てを支援するための具体策が見えてくる。

　具体的なケースに対応する際には，担当者が守秘義務と連携のはざまで戸惑うこともある。そうした状況を打開するための法整備も進みつつある。たとえば，虐待が疑われるケースへの対応をあげてみよう。児童虐待の防止等に関する法律では，虐待を発見しやすい立場にある職員に早期発見の努力義務を課している。職務上知り得た秘密を通告した場合でも，守秘義務違反に当たらないとされている➡14。このように法整備を背景とした当事者の行動基準が明確化されることで，子育て支援にかかわる自らの職務を自覚したうえで，ネットワークの一端を効果的に担っていくことが可能となるのである。

◀14 児童虐待の防止等に関する法律（最終改正 平成24年8月22日）第5条（児童虐待の早期発見等）及び第6条（児童虐待に係る通告）。

参考図書

　柏女霊峰・橋本真紀『保育者の保護者支援――保育相談支援の原理と技術』フレーベル館，2008

　柏木惠子・平木典子『家族の心はいま――研究と臨床の対話から』東京大学出版会，2009

　亀口憲治『家族システムの心理学――〈境界膜〉の視点から家族を理解する』北大路書房，1992

11章 乳児保育

児童福祉法において，乳児は「満1歳に満たない者」と定義されている。しかし，保育の現場では0，1，2歳児の保育を「乳児保育」と呼び，3歳以上児の保育と区分するのが一般的である。本章においても，「乳児保育」という言葉を，家庭外の保育施設における3歳未満児に対する保育と定義し用いることとする。

人生を歩みだしたばかりの子ども，その保護者を支える乳児保育の意義と，保育者として乳児保育に臨む基本的な姿勢について考えていきたい。

1 現代社会における乳児保育

■乳児保育の需要の増大

戦後，児童福祉法の制定とともに保育所保育が制度化され，保育所を利用し仕事と育児の両立を図る家庭は増加してきた。

ところが，乳児保育に関しては保育所における受け入れ定員も少なく，また「3歳児神話」■1 に代表されるような，低年齢児は家庭において母親により育てられるべきであるという育児観があったこともあり，その普及には長い期間を要してきた。

しかし，社会状況の変化に伴い，男女雇用機会均等法 ■2 の施行をはじめとして，女性が社会のなかで妊娠・出産を経ても働き続ける仕組みが構築されると，出産後も働き続ける女性が増加した。その結果，乳児保育の需要は急激に増大したのである。

保育所保育の需要は年々高まりを見せている。近年，認可保育所

■1 「3歳児神話」とは，子どもは3歳頃までは母親自身の手元で育てなければ子どもに悪い影響があるという考え方を指す。一方で「神話」という位置づけは，この説に対する否定的ニュアンスを含むものとも言える。

■2 正式には「雇用の分野における男女の均等な機会及び待遇の確保等に関する法律」。第9条において企業は婚姻，妊娠，出産等を理由とする不利益な取り扱いをしてはならないことが定められている。

11 章　乳児保育

表 11-1　年齢区分別の利用児童数・待機児童数（2016 年）

	2016 年利用児童	2016 年待機児童
3 歳未満児（0 ～ 2 歳）	975,056 人 (39.7%)	20,446 人 (86.8%)
うち 0 歳児	137,107 人 (5.6%)	3,688 人 (15.7%)
うち 1・2 歳児	837,949 人 (34.1%)	16,758 人 (71.1%)
3 歳以上児	1,483,551 人 (60.3%)	3,107 人 (13.2%)
全年齢児計	2,458,607 人 (100.0%)	23,553 人 (100.0%)

（注）利用児童数は，全体（幼稚園型認定こども園等，地域型保育事業等も含む）。

への入所要件を満たしているにもかかわらず希望する保育所に入所することができない「待機児童」に関するニュースが後を絶たない。2016（平成 28）年 9 月に発表された厚生労働省の資料 ➡ 3 によると，2016（平成 28）年 4 月現在の待機児童数は 2 万 3553 人にのぼる。この待機児童の年齢別の内訳を見ると 0，1，2 歳の低年齢児がその大半を占めていることが分かる（表 11-1）。

➡ 3　厚生労働省「保育所入所待機児童数（平成 28 年 4 月）」2016。

　低年齢児の待機児童数の多さから，出産後の比較的早期から仕事復帰を希望する共働き世帯が増加していることは明らかである。この背景にあるのは女性の高学歴化とそれに伴う女性の社会進出の増大である。優秀な女性社員が出産により退職することは企業にとってもマイナスであり，またキャリア形成を望む女性にとっても出産・育児が原因でキャリアが中断しないよう，産休・育休明けの比較的早期から職場復帰を望むケースが増えていると考えられる。

　一方で，日本社会の不安定な雇用情勢を背景として，子どもにかかる教育費や老後の資金の調達に不安を抱き，経済的安定のために夫婦共働きを選択する子育て家庭も増加している。このようにして，特に核家族化の進行する都市部などにおいて，低年齢児を中心に多

153

くの待機児童が発生しているのである。

■乳児保育が必要とされる時代へ

　子どもにとって親は特別な存在である。この点は否定しようのない事実であろう。だからこそ，女性の社会進出が進む現在においても，なお「子どもが小さいうちはなるべく親がそばにいてあげたほうがよいのではないだろうか」と考える人も少なくない。

　しかしながら，保護者や子どもを取り巻く社会状況の変化により，子育て世帯のあり方も多様化している。現在の社会においては，親（主に母親）が専業主婦となり，子どもの育児に専念する家庭もあれば，両親が共働きで日中は保育所に子どもを預けながら仕事と子育ての両立を図る家庭もある。子どもを持つ親の働き方も多様化している。フルタイム勤務の正職員として働きながら育児をする者，時短勤務やパート勤務，派遣社員という形で働く者もいるであろう。専業主婦（専業主夫）家庭においても，核家族化の進行により，孤独な育児に陥ることがないように，地域の保育所の育児相談や一時保育を利用したり，子育て支援センター等の社会的資源を活用したりしながら子どもを育てている。

　地域社会全体で子育てを応援し支えていく時代を迎えている。保育者を志す者，保育に携わる保育者には，これまでの伝統的な子育て観に固執することなく，保育者の専門性を最大限発揮することにより子育てに奮闘する保護者と，そして地域社会で育つ子どもたちを支える存在であってほしい。

11章　乳児保育

2　保育所における乳児保育

■保育所保育指針に見る乳児保育

　2017（平成29）年告示の「保育所保育指針」では，第2章「保育の内容」は，「1　乳児保育に関わるねらい及び内容」「2　1歳以上3歳未満児の保育に関わるねらい及び内容」そして「3　3歳以上児の保育に関するねらい及び内容」の3つに分けられ，0，1，2歳児の保育に関する記述が大幅に増加するとともに，発達の連続性，発達の繋がりが明確に示されたと言える。

　0歳児（乳児）については，1歳以上の5領域に繋がる形で「ア　健やかに伸び伸び育つ」「イ　身近な人と気持ちが通じ合う」「ウ　身近なものと関わり感性が育つ」という3つの視点で「ねらい」および「内容」が示された。たとえば「イ　身近な人と気持ちが通じ合う」の内容として「④保育士等による語りかけや歌いかけ，発声や喃語等への応答を通じて言葉の理解や発語の意欲が育つ」とあるが，これは領域「言葉」へと繋がる項目と言えるだろう。

　一方，1歳以上3歳未満児，つまり1，2歳の保育の内容については3歳以上児と同様に5領域に分けられている。そのうえで，1，2歳の発達段階にあわせた「ねらい」および「内容」が設定されている。「言葉」の領域を例にあげると，内容として「①保育士等の応答的な関わりや話しかけにより，自ら言葉を使おうとする」「②生活に必要な簡単な言葉に気付き，聞き分ける」など，まさに語彙が少しずつ増えていく1，2歳児の姿が反映されている内容となっていることが分かる。

155

3 養護と教育が一体となった保育

　保育所における保育は，養護と教育が一体となって行われている。特に乳児保育に関しては養護的なかかわりを中心としながら，子どもの健やかな発達を助長するのにふさわしい環境を通して，個人差に応じたきめ細やかな保育が求められている。

　保育所では，各園がそれぞれデイリープログラム（日課表）を作成している。0，1，2歳児クラスについても，おおまかな1日の保育の流れは決まっているものの（表11-2），実際には，1人ひとりの子どもの発達，当日の体調，家庭での過ごし方などにより，遊びはもちろんのこと，授乳や食事，おむつ交換や排泄，睡眠，着脱衣などの具体的な援助内容・方法は異なっている。起きている時間帯の大半を保育所で生活する子どもたちにとって，保育所で過ごす時間がより良いものとなるよう，日課に固執することなく，1人ひとりの子どもの状態にあわせた保育を行い，子どもが無理なく生活できるよう最大限配慮したいものである。

　0歳児であれば，1日のなかで「睡眠」「排泄」「授乳（食事）」「遊び」が繰り返される。保育者は常に「子どもが主役」という気持ちで子どもとかかわり，子どもの情緒が安定し，安心して保育所での生活を送ることができるよう配慮することが大切である。

　子どもは，大人から愛され信頼されることにより，情緒が安定し，次第に他者への信頼感が育つようになる。言い換えれば，身近な大人から愛されている実感を持つことは，人格形成の根幹を成すことに繋がっている。そういう意味では，保育者には，単なる技術や知識だけでなく，子どもに愛情を持って接する姿勢，すなわち人間性が求められる。単に職務に必要な知識を有し，技術を行使するだけでなく，その知識や技術に子どもへの最大限の愛情を込めて，子どもや保護者とかかわることが求められるのである。この点を踏まえ

11章　乳児保育

表 11-2　デイリープログラムの例

0歳児クラス		1・2歳児クラス	
時間	生活	時間	生活
7:30	早朝保育	7:30	早朝保育
8:30	登園	8:30	登園
	健康状態の確認（検温等）		健康状態の確認（検温等）
	おむつ交換		朝の挨拶
	衣類の調整		排泄
	水分補給		遊び
	遊び		片づけ
9:30	おやつ	9:30	おやつ
	おむつ交換		挨拶をする
	遊び		朝の集まり
	授乳	10:00	遊び
	外気浴・日光浴		室内遊び
	水分補給		戸外遊び
	午睡	10:50	片づけ
	おむつ交換		排泄
10:50	食事		着替え
	着替え	11:10	昼食
	遊び	12:10	歯磨き
	授乳		午睡準備
	午睡		排泄・着替え
	おむつ交換	12:40	午睡
14:00	遊び	15:00	起床
15:00	おやつ		排泄・着替え
16:00	保育室の移動	15:15	おやつ
	おむつ交換		降園準備
	授乳	16:00	遊び
17:00	降園	17:00	降園
18:00	延長保育	18:00	延長保育

157

たうえで，保育所における乳児保育の基本を確認していこう。

■健康および安全への配慮

　乳児保育においては，まず何よりも生命の保持および，情緒の安定に配慮したきめ細やかな保育が必要となる。

　この時期の子どもは，急な体調の変化が起こりやすく，急速に重症化しやすい。そのため，日頃から個々の健康状態を的確に把握するとともに，検温や観察などにより疾病や異常を早期に発見し，迅速かつ適切な対応を心掛けたい。保育中の子どもの様子に常に気を配り，機嫌，顔色，皮膚の状態，表情，声の調子，食欲，体温，排泄の状態，全身症状といったさまざまな視点から子どもの変化を察知することは，子どもの健康を守るうえで大切なことである。

　また衛生面からも，子どもが健康・安全に過ごせるように留意していく必要がある。低年齢児は抵抗力が弱いため，食中毒や感染症の予防が不可欠である。また保育室の床や遊具，布団や衣類といった身の回りのものを清潔に保つこと，手洗い（消毒を含む）やうがいを励行し，清潔な環境を保持するよう努めることも，子どもの安全を守ることに繋がっている。

　SIDS（乳幼児突然死症候群）やアレルギー児への対応，低年齢児のクラスで発生しやすい窒息，転落，転倒といった事故の未然防止のためにも，職員間でよく話し合って事故防止に必要な策を講じ，全職員に徹底することが求められる。

■個人差に配慮した個別的な保育

　乳児保育においては，幼児クラス以上に個人差に配慮する必要がある。たとえば0歳児クラスの場合，同じクラスのなかに，まだ首の座っていない子どももいれば，お座りのできるようになった子どもも，すでに1歳の誕生日を迎えて歩き出している子どももいる。このように，低年齢のクラスになればなるほど，月齢による発達の差

が大きい。また同じ月齢であっても発達の個人差も大きいため、1人ひとりの子どもの状況に応じた保育をしていく必要がある。

■生活リズムおよび基本的生活習慣の確立

0歳児は、その発達段階により睡眠と覚醒のリズムが大きく異なる。そのため、1人ひとりの発達に応じた睡眠と覚醒のリズムにあわせ、より健康的な生活リズムを整えることが大切である。養護と教育を一体的に行う保育所の特性を活かし、安全な環境で安心して十分な睡眠がとれるよう配慮し、目覚めている時には、子どもたちが安全な環境のなかで、保育者に見守られながら、さまざまな物事に興味を持つことができるような遊び（生活）の環境を整える必要がある。

1、2歳児になると子どもたちができることも増えてくる。食事、排泄、衣服の着脱、清潔行動といった基本的な生活習慣を、子どもの発育・発達に応じて、子どもが自ら「やりたい」と思える気持ちが生まれるように保育者は日々の保育を積み重ねていく。その積み重ねが、やがて基本的生活習慣の確立に繋がっていく。

■自発的な遊びと多様な経験の保障

遊びは、子どもの心身の成長を助長する重要なものである。遊びを通して身体を動かすことで運動機能が伸び、遊びを通して物事や社会の性質・仕組みを知る。そのため、保育者は、安全かつ1人ひとりの子どもの発達に適した遊びの環境を整え、成長に必要な遊びの機会と質を保障することが大切である。

また、保育者は、子どもたちが安心して未知なる遊びに挑戦できるように、時には見守ったり子どもたちの安全基地としての役割を果たしたり、時には共に参加することで遊びの充実に寄与する。このように、保育者が子どもの遊び

図 11-1　公園でさまざまな物に興味を示す1歳児

を通してさまざまな経験を積む機会を保障し，自発的な遊びが展開されるようにかかわることにより，子どもの健やかな成長発達が保障されるのである。

　保育所は，長時間にわたり子どもたちが生活する場である。だからこそ，子どもと共に過ごす保育者により，子どもにとって健康的で安全な環境が整えられ，最適な生活リズムが組まれ，子どもの成長・発達に有意義な多様な経験を積むことができるように工夫した保育を行う必要がある。室内の活動と屋外の活動，静的活動と動的活動を子どもたちの状態にあわせて取り入れたり，保育所から外に出て地域社会との交流を図ったりするなど，園外での活動を取り入れることも子どもたちにとって良い刺激となろう。

■職員間，保護者との連携協力

　乳児保育においては，子どもの健やかな発達を保障するために，担当保育士だけでなく，職員間の連携，保護者との信頼関係に基づく協力体制が不可欠である。

　情緒の安定が子どもの成長の基盤であることから，進級等で担当保育士が替わる場合には，子どもに関する情報を共有するとともに，それまでの経験から得た1人ひとりの特性を踏まえたかかわり方を継承するなどして，子どもが安心して保育所で生活できるよう配慮する必要がある。

　また周囲の大人の影響を特に受けやすい低年齢の子どもたちにとって，家庭と保育所での育児に対する方針の違いや，生活リズムの分断などは子どもに無理をさせたり混乱を生じさせたりする原因となることもある。保護者と保育者は，共に子どもを育てるパートナーとして，互いに協力しあうことが大切である。

　保育所に通う子どもの生活の場所は，主に家庭と保育所の2カ所である。子どもの生活は24時間連続したものであり，家庭と保育所において，その生活が分断されることがあってはならない。そこで，

160

11章　乳児保育

家庭における保護者による育児と，保育所における保育士による保育は，互いに連携・協力することにより，家庭と保育所のどちらにおいても子どもが健やかに生活できるように配慮する必要がある。

　子どもの健康的な生活のためには，規則正しい生活リズムを作り，バランスのとれた栄養を摂取し，十分な休息と遊びの時間の確保した生活を送らせたいものである。

　保育所で過ごす時間帯は，保育士等により子どもの成長・発達にあわせて考え抜かれたデイリープログラムに基づき生活することができる。しかしながら，家庭における子どもの生活は保護者のライフスタイルに大きく左右される。子どもの健康的な生活という点からすれば睡眠時間を十分に確保するためにも就寝時間が遅くならないようにしたいところである。しかし，終業時間の遅い保護者であれば，当然，降園時間も遅くなり，帰宅後に夕食，入浴，そして親と共に夜の時間を過ごし，遅くまで起きている子どももいる。また食事の時間帯や内容も家庭により大きな差がある。

　だからこそ，保育所では，1人ひとりの子どもの家庭での生活状況を把握し，家庭の状況を踏まえたうえで，子どもたちが保育所で無理なく過ごせるように配慮する必要がある。連絡帳に書かれた情報や，登園時の保護者との会話などは，家庭と保育所との連続した生活を考えるうえで貴重な情報となる。同様に保育所での子どもの様子を保護者に伝え情報を共有していくことで，共に子どもを育てるパートナーとしての信頼関係を築いていくことも大切である。

4 乳児保育に携わる保育者

■愛情に満ちた保育実践

　子どもの健やかな成長を心から願い，信じ，その成長・発達のために労をいとわず子どもに寄りそうことのできる大人に見守られな

161

がら，成長することが出来ることは，子どもにとってどれほど幸せなことであろうか。保護者だけでなく，保育者もまた，子どもの傍らにいる大人として，常に子どもの最善の利益を追求するために，子どもを慈しみ，愛情に満ちた保育実践を心掛けてほしい。

当然のことながら，保育者は子どもにとって実の親の代わりにはなり得ない。しかし，保育所で過ごす子どもにとって，保育者は親と変わらないほど心の拠り所となる存在である。ましてや低年齢児にとっては日中を共に過ごす保育者は「第二の親」と言ってもよいほど大きな存在である。

乳児保育の対象となる子どもは言葉の習得段階にあるため，自分の欲求を的確に言葉で表現することは難しい。そのため，乳児保育に携わる保育者には，常に子どもの様子に気を配り，子どもの気持ちを理解しようとする姿勢でいることが大切となる。

保育者は，まだ言葉の出ない０歳児，拙い言葉で懸命に意思を伝えようとする１，２歳児たちが求めているものを，子どもの表情や視線，声の調子，身体の動きなどから理解しようと努める。子どもたちもまた，大人の発する言葉そのものの持つ意味だけでなく，保育者の口調や表情，声かけと同時に行われる動きそのものから，大人から自分へ向けられた気持ちを感じ取っている。

０歳児は，泣いたり喃語を発したりすることで，自分の欲求を保育者に伝えようとする。それに対して，素早く保育者が反応し，自分の要求を理解して対応してくれることで，不快な状態から快適な状態へと変化する。しかし，保育者の仕事は，オムツを替える，食欲を満たすといった単なる「作業」にとどまるものではない。目の前にいる子どもが，より快適に，楽しく，そして安心して過ごせるようにと願いながらオムツを替え，食欲を満たし，安心して寝付くように寄りそう。

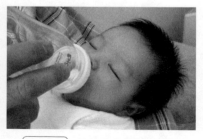

図 11-2　ミルクを飲む０歳児

ミルクや食事についても同様である。ただ栄養を与えることが保育者の仕事ではない。大人の腕に抱かれて安心してミルクを飲むことができる時，乳児はとても安らかで満ち足りた表情を見せるものである。このように，保育者が単に生理的欲求を満たす作業的な対応にとどまることなく，愛情に満ちたかかわりをすることにより，子どもの情緒は安定し，徐々に特定の大人との信頼関係や，人に対する基本的信頼感が形成されていく。

生活のあらゆる場面で保育者から子どもに注がれる優しく温かい眼差しや言葉，スキンシップは，生理的欲求が満たされて快適になったという事実以上に，子どもに大人からの愛情を届け，愛されているという実感を与えることに繋がる。そうして大人から注がれた愛情は，やがて周囲の人を信頼する力，自分を信じる力，そして周囲の人への優しさへと形を変え，子どもたちの人生の宝物となっていくのである。

■保護者と共に歩む乳児保育

保育者の中心的な職務は子どもの保育である。保育者はその専門性を最大限に発揮し，愛情豊かなかかわりにより，子どもの健やかな成長を促す。一方で，保育所に通う子どもの保護者や，保育所のある地域で子育てをしている保護者に対する支援もまた保育所および保育士の職務とされている。

保育所保育指針の第4章には「子育て支援」の項目がある。入所児童の保護者に対する子育て支援はもちろんのこと，地域の保護者等に対する子育て支援についても，保育所の特性を生かして行うことが求められている。

保育所に子どもを預ける保護者にとって，保育者は頼もしい存在である。生後5カ月の赤ちゃんの保護者は親になってまだ5カ月，1歳児の保護者も親になって僅か1年なのである。核家族化，少子化が進むなかで，乳幼児とかかわる経験が浅いまま親になる者も多

い。子どもが自分の命に代えても惜しくないほど愛おしい存在であったとしても，初めて経験する育児にさまざまな不安や戸惑いを覚えたり，育児を負担に感じたりする保護者も少なくない。

特に，保育所に通う子どもの保護者の多くは，慣れない育児と仕事を両立していることから，心身ともに相当の負担を感じながら生活しているケースが多い。また，幼いわが子を保育所に預けて働きに出ることに対して悩む保護者も多いであろう。

そのような時に，保育者が育児に関する不安や仕事と育児の両立の大変さに理解を示し，寄り添ってくれることは，保護者にとってどれだけ心強いことであろうか。

親である自分と同じようにわが子に愛情をもって接し，その成長を心から喜んでくれている。そうした保育者が日中，わが子を担当してくれているという安心感・信頼感があってこそ，保護者は安心して子どもを預けることができる。

保護者が笑顔で子どもに向き合うことができることが，子どもにとっては何よりも幸せなことである。だからこそ，保護者支援の重要性が叫ばれているのである。

子どもが周囲の大人に見守られながら日々の生活の積み重ねのなかで成長していくように，保護者もまた周囲の環境を通して，親として成長していくものである。保護者の親としての成長を支え，そのことが子どもの最善の利益に繋がるように，保護者と共に歩むことが保育士には求められている。

参考文献

井桁容子『「ていねいなまなざし」でみる乳幼児保育』フレーベル館，2005

汐見稔幸・小西行郎・榊原洋一編著『乳児保育の基本』フレーベル館，2007

乳児保育研究会編『改定新版 資料でわかる乳児の保育新時代』ひとなる書房，2010

12章 長時間保育と保育の現代的な課題

1 長時間保育の現状

　現在，女性の高学歴化に伴い世界各国の女性の活躍には目覚ましいものがある。ひと昔前までは，「女性は結婚すると家庭に入り男性が社会で働く」が常識であったが，現在女性にとってこのような生き方は選択肢のひとつにすぎなくなった。現代社会は女性のグローバル化を望み動き出している。男女雇用機会均等法 ➡1 もそのひとつである。年々女性の就業率が上昇し，子育て世代の働く女性の増加（図12-1）や女性の長時間勤務も珍しくなくなった。家庭で費やす時間より仕事で費やす時間の方が長くなり，女性の家庭に対する価値観が変容した。また，離婚率（図12-2）の増加に伴い，女性は子どもを引き取ることでひとり親世帯となり，生活の糧のために働かざるをえない状況を余儀なくされている。

　このような社会的背景から，子どもたちの日中の保育は家庭外に担われ，長時間保育のニーズは年々増加傾向にある。

■保育所，幼稚園，認定こども園での長時間保育の実態

　保育所（認定こども園・保育所型も含む）での保育時間は，児童福祉施設の設備及び運営に関する基準 ➡2 第34条（保育時間）に定められており，8時間が基本である。しかし，現在では延長保育のニーズの高まりから延長保育を実施している園が多くある。ある調査（図12-3）によると，平日開所時間の平均開所時間は11.7時間であり，平日は，7時台に開所し，18〜19時に閉所する園が約90％である。ま

◀1　職場における男女の均等な取り扱い等を規定した法律。

◀2　厚生労働省が児童福祉法第45条の規定に基づき，児童福祉施設最低基準を定めている。保育所の設置基準は第5章において，設置するに際しての最低の基準が定められている。

▶3 総務省統計局。

▶4 厚生労働省政策統括官「平成29年 我が国の人口動態」。

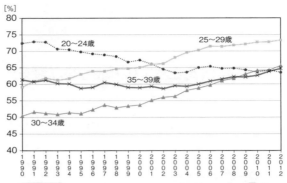

図12-1 女性（20〜39歳）の就業率の推移 ▶3

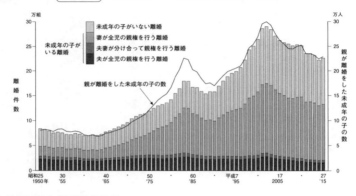

注：1）未成年の子とは、20歳未満の未婚の子を言う。
2）親権とは、未成年の子に対して有する身分上、財産上の監督、保護を内容とする権利、義務を言う。

図12-2 親権を行う者別に見た離婚件数および親が離婚をした未成年の子の数の年次推移——昭和25〜平成27年 ▶4

▶5 社会福祉法人全国社会福祉協議会・全国保育協議会「全国の保育所実態調査報告書」2016。

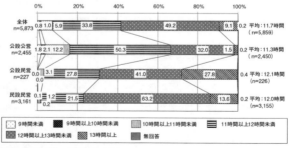

■平日開所時間の長時間化：平均開所時間は11.7時間
開所時間数は「12時間以上13時間未満」が最も多く49.2%を占める。設置・運営主体別に見ると、公設公営では「11時間以上12時間未満」が最も多いが、公設民営と民設民営では「12時間以上13時間未満」が最も多い。

図12-3 保育所における運営主体別 開所時間数（月曜日〜金曜日）：数値回数 ▶5

166

12章　長時間保育と保育の現代的な課題

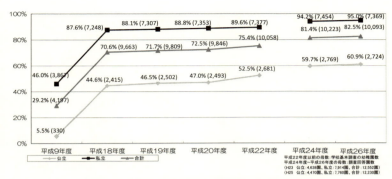

図12-4　幼稚園における預かり保育の実施率 ▶6

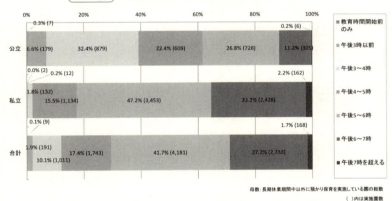

図12-5　幼稚園における預かり保育の終了時間 ▶7

た，土曜日に開所している保育所は，97.7％という実態もあり，長時間の保育を必要としている養育者は多い。

　一方，幼稚園（認定こども園・幼稚園型も含む）での保育時間は，幼稚園教育要領に記載されている。第1章「総則」第3の3では，1日の教育課程に係る教育時間は，4時間を標準とするとある。しかし，延長保育や預かり保育を実施している幼稚園は全体の82.5％（図12-4）と年々増加傾向をたどっている。実際の保育時間は，園によってさまざまであるが，預かり保育の終了時間が17〜18時の

▶6　文部科学省初等中等教育局幼児教育課「平成26年度 幼児教育実態調査」2015。

▶7　同上。

167

園が合計で41.7%，18〜19時の園が合計で27.2%と，約70%の園が8時間以上（図12-5）の延長保育（預かり保育）を行っている。

■長時間保育での子どもとのかかわり

　長時間保育は社会や養育者の要請で行われているが，長時間保育ははたして子どもを幸せに導いてくれるのであろうか。

　長時間保育を実施している保育所や幼稚園での保育者の勤務形態は，早番・通常勤務・遅番・土曜祝日勤務などのシフト交代制が行われることとなる。子どもにとって保育者の入れ替わりが多いことは，特定の保育者と愛着関係が結びにくい状態であり，そのため保育者は苦労を要する。一方，養育者は単に仕事時間の確保のために便利な，長時間預かってくれる保育所や幼稚園を利用する，といった考えでは子どもは幸せではない。子どもにとって好ましい育ちの環境はなんであるかを考え，保育所や幼稚園を選定してほしいものである。そして，そのうえで家庭での子どもとかかわる少ない時間を全力で子どもと接してほしい。特に3歳未満の子どもについては，保育者・養育者ともに子どものことを考え，子どもが必要とする時間を捻出する工夫と努力が必要となる。保育者は養育者に，子どもと過ごす時間が幼児期にとって重要であることを教授し，養育者はそれを認識しながら，仕事との両立を図らなければならない。

■長時間保育に携わる保育者の役割

　子どもを長時間預かる保育者にとって子どもの幸せのために何をすべきかを考えるだけで，責任を重く感じる。時間がとれない養育者の代わりに，子どもが「生きるため」に必要なことである基本的生活習慣やマナーなど，本来ならば家庭教育である内容を子どもに習得させなければならない。確かに今まで以上に多くのことを子どもに対してしなければならないが，「しなければならない」と思うことがはたして子どもの幸せであろうか。子どもにとって自分のこ

12章　長時間保育と保育の現代的な課題

とに一生懸命になってくれる大人が1人でも多い方が幸せにちがいない。保育者は時間がない養育者とともに育児を共有し，子育ての楽しさや子どもの成長を喜び合い，お互いに幸せを感じることができれば保育者冥利につきる。そのためには，子どもの専門家として子どもの成長・発達や特徴の知識を備えた保育者であることである。養育者に対して的確な子育てアドバイスができ，養育者と子どもとの絆を深める工夫を養育者と一緒になって生み出すことができる。それと同時に，養育者と保育者の信頼関係も構築できる。保育者と子どもとのかかわりを養育者が理解し，子どもにとって養育者には代わりがいないことが自然と分かれば，家庭の時間を大切にするきっかけとなる。誰がこの子を大きくするといった線引きをすることなく，その子にかかわるすべての大人がその子の幸せを願い，笑顔でいられることが何よりも大切である。

　保育者は決して養育者の代わりにはなれないが，子どもの将来の基礎をつくる重要な担い手の1人として参加できる幸せを感じてほしい。

2　長時間保育と健康課題

　長時間保育によって，子どもの健康への影響はどうであろうか。健康維持のためには，運動・食事・睡眠は欠かせないものである。そして，精神の安定のために家庭は心の安らぎの場でなければならない。しかし，誰もが1日は24時間であるため，保育所・幼稚園・認定こども園などの長時間保育の子どもは，家庭で過ごす時間が少なくなる。家庭での時間短縮は，子どもの健康にどのように影響しているのであろうか。

■睡眠課題による健康への影響

　保育所や幼稚園での生活が長ければ，家庭での保育時間が短縮さ

169

れる。園から子どもが家庭に帰ってすることは，夕食や入浴など生活習慣として欠かせないことや，家族との触れ合いなど精神的な安らぎである。近頃では，帰宅からの時間がとれず，就寝時間が22時以降となっている子どもが増え，子どもの健康維持に必要な睡眠時間（10〜12時間）が足りていない現状がある。また，睡眠の長さだけではなく，体に良い睡眠時間帯に熟眠できていないことも大きな課題となっている（図12-6）。子どもを朝6時に起床させるためには，20時頃には就寝させることが望ましい。しかし，20時に就寝させることから逆算すると，18時には夕食摂取の必要がある。長時間保育の現状から見ると，実際，働く養育者にこの理想の生活は難しい。就寝時間が遅くなると，睡眠不足から起こる不定愁訴が増え，保育時間に元気に遊べない子どもも少なくない（図12-7）。また，少しでも寝かしておこうといった親心から，1日の活力とな

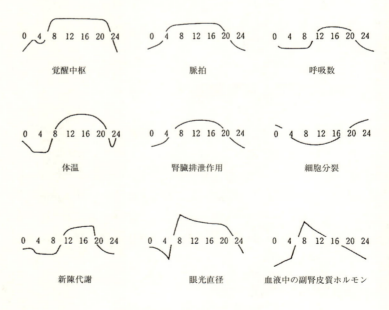

図12-6　生体のリズム　8

8　原田碩三編著『子ども健康学』みらい，2012。

る朝食摂取をする時間が十分確保できない子どもが増加しており，保育に影響するさまざまな問題が起こっている。最近では朝食や夕食の提供をする保育所もあるが，健康や保育活動の側面の改善だけで，家庭での親子のかかわりの時間の重要性と確保のことを考えると難しい現状を突きつけられる。

■ 幼児期に重要な生活習慣の確立

幼児期は生活習慣の確立をするために重要な時期である。長時間保育の子どもは生活習慣のほとんどを保育所で獲得していくことになる。今までであれば家庭教育であったことが園任せになりがちである。以前のようにしつけやマナーの習得，さらには親と子の絆を深めるかかわりの時間が，長時間保育により家庭での生活時間が短縮されることで，丁寧にとれない。細かなしつけである箸の持ち方や鉛筆の持ち方，はさみの使い方といった生活技術をはじめ，日常の道徳観は家庭での生活のあり方が習得を左右する。幼児は一度の教授で学習し，習得することはできない。何度も何度も繰り返し根気よく教授する必要がある。また，子どもは，親の背を見ながら成長する。長時間保育による家庭で過ごす時間の減少は，子どもにのみ影響するものではなく，養育者にも親としての自覚や責任に大きく影響する。

■ 親と子の時間の確保

養育者は仕事を終え，子どもと保育所から帰宅し，慌ただしく夕食の準備をし，夕食をとり，入浴をさせ，親子の語らいの時間を持ち，子どもを寝かす。毎日，機械的にできればいいのであろうが，私たちは人間である限りそうはいかない。養育者も8時間労働で疲

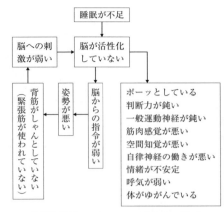

図 12-7　睡眠不足の悪影響 ⇨ 9

⇨ 9　同上。

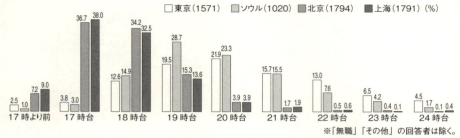

図 12-8 父親の仕事から帰宅する時間（東アジア4都市比較） 🔟

🔟 汐見稔幸ほか監修「乳幼児の父親についての調査――東アジアの4都市比較」ベネッセ次世代育成研究所, 2010。

れ，心に余裕がないときもある。しかし，育児は続く。こんな時，両親ともに家事を行い家族で協力することができればいいが，片親の帰りが遅くなることが多い（図12-8）。子どもとの時間の確保は長時間保育利用者にとっては，難しい課題となる。しかし，子どもにとっての心の安らぎは養育者と触れ合う時間である。そしてそれが，養育者にとっても子どもと同じように，安らぐ時間であることを願う。

3 家庭環境と保育の現状

時代とともに多様化する家庭環境は子どもにどのような影響を与えているのであろう。少子高齢化，離婚率の増加，核家族化などさまざまな社会現象のなかで，未来を担う子どもへの影響は計り知れない。

さまざまな家族構成（図12-9）があるなか，三世代世帯は確実に減少している。「子どもの最善の利益」⓫ という観点から見ると，子どもにとって多人数の家族のなかでの子育ては利益が大きい。しかし，「個」を重んじる時代である現在では，親としては不利益が目につくことが多く感じるのであろう。子どもにとってよりよい子育て環境を選択できるような親育ての必要を感じる。同時に，時代が変容した現在の孫育てにかかわる祖父・祖母の教育の必要も大き

⓫「児童の権利に関する条約」のなかで，児童（18歳未満の者）の権利について定められている国際条約。児童の人権尊重や権利の確保に向けた詳細で具体的な事項を規定している。

12章 長時間保育と保育の現代的な課題

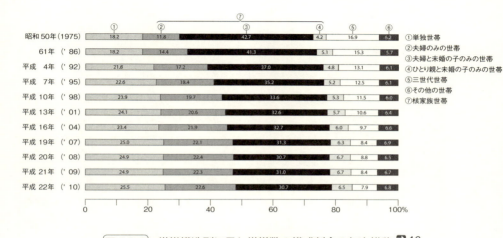

図12-9 世帯構造別に見た世帯数の構成割合の年次推移 ▶12

に感じる。
　社会が変化することのしわ寄せが子どもであってはいけない。さまざまな社会的工夫ある支援が求められる時代である。

4 子どもを取り巻く「食」環境

　社会が多様化するなか，子どもの「食」も変化している。便利な社会が生んだ食生活はどのように子どもに影響しているのであろうか。

■食卓の役割

　昭和時代の食卓を思い出すと，ひとつのちゃぶ台▶13に家族が皆揃い会話をしながら同じものを食べる。また，教育の場として食事のマナーだけにとどまらず，1日の出来事から生きていくうえでの善悪を和やかな会話のなかから養う場でもあった。しかし，今は1人で食べる孤食▶14が目立ち，家族と過ごす楽しい時間を1人で孤独に過ごす子どもが増えている。幼児期では1人で食べるこ

▶12 汐見稔幸監修「乳幼児の父親についての調査——東アジアの4都市比較」ベネッセ次世代育成研究所，2010。

▶13 昭和時代の食卓として用いられた。

▶14 1人で食事をすること。現在，孤食・欠食・個食・固食が増加し，「コケコッコ症候群」と言う。

とが少ないものの，朝食は子どもたち（兄弟姉妹）だけで食べることが多くなっている。子どもが朝食を食べている間，養育者は仕事に出かける準備や家事をこなさなければならない。子どもにとって，長時間保育で家庭で過ごす時間が少ないため，せめてコミュニケーションをとる場として食卓を大切に考えてほしいものである。食事は栄養摂取の場だけではなく，教育の場であり，家族団らんの場である。さらには，命をいただくといった道徳心を養う場でもあり，生きていくうえでの大切なことを習得する場である。

　食卓から日本の文化や伝統を感じ取ることも多彩にある。食べ物と行事がセットになっているからである。お正月には，お節料理をいただき，それぞれの食品の謂れを学びお正月を祝えたことに感謝する。1月7日は七草粥をいただくことで，体を労わる。2月3日の節分では恵方巻きを食べ豆まきをし，鬼を払い家内安全を祈る。3月3日はひな祭りで女の子はちらし寿司で祝いひしもちを食べる（地域によって異なることもある）。また，自然と共有しながら生かされていることを食卓で知ることも多い。地域特有の祭りでいただく郷土料理，「中秋の名月」には家族で満月を見ながらお団子を食べ，日本の情緒がうかがえる。

　このように，日本の行事には食文化や伝統があり，そこには家庭の手作りの味がある。食卓は，家族みんなが揃い，文化を継承していく役割もある。しかし，近年では便利に行事食を買い求め，家庭で作らなくても手軽に行事を楽しむことができる。そのため文化の継承が軽んじられることを危惧する。日本の文化や伝統は誰の手によって将来伝えられていくのか，先人は不安であろう。

■食べ物への考え方の変容

　最近ではコンビニエンスストアや24時間レストランの普及により，24時間好きな時に食べたいものを手軽に食べることができるようになった。また，加工食品や中食 ➡15 の利用も増加し，家庭

➡15　レストランや飲食店で食事をすることを「外食」，手作りの家庭料理を自宅で食べることを「内食（うちしょく：ないしょく）」と言う。惣菜や弁当などの，家庭で調理をせずに食べられるものを「中食」と言う。

での調理時間が短縮されるなど，食べることが簡便化されている。

これらの社会変容から，以下の問題が気がかりである。

① 「食」を大切にする心の欠如
② 栄養バランスの偏った食事や不規則な食事の増加
③ 料理のできない親の増加
④ 健康よりも見た目の姿を優先
⑤ 伝統ある食文化の喪失

食べるという行為が簡単にできることは長時間保育利用者にとってありがたいことである反面，便利さゆえに食べることの大切さが抜け落ちてしまい，質の低い食生活を送ることとなる。お腹いっぱいになればよい・価格が安ければよい・体型は見た目の姿を優先など，栄養バランスの悪い食事を簡単に済ませてしまい，これが習慣化する。食事の用意は養育者にとって負担は大きく責任もある。しかし，大切であるがゆえに，養育者が台所で調理をする姿は，子どもに引き継ぎ次世代に届けてほしい。また，料理方法や調理方法を受け継ぐだけではなく，「命」をいただく行為，食事を作ってくれる人への感謝，健康への関心など家庭での食生活のなかで育まなければならないことがいっぱい詰まっている。

養育者が「食」を重視するなら，子どもの内面に豊かな人間性を育てる。「食」を考える子どもは，生かされていることに感謝し，人間としての欠かすことのできない人間性を養うのである。

参考文献
NHK 放送文化研究所世論調査部編『崩食と放食——NHK 日本人の食生活調査から』日本放送出版協会，2006
社会福祉法人全国社会福祉協議会・全国保育協議会『全国の保育所実態調査報告書』2008

13章 特別な支援を必要とする子どもの保育

1 特別な支援を必要とする子どもとは

「特別な支援を必要とする子ども」とは，いったいどのような子どもを指すのだろうか。そもそも幼児期の子どもの発達過程の個人差は大きく，またその個人のなかの得意，不得意といった個人内差も大きい。だからこそ，幼稚園教育要領，保育所保育指針では，ともに「1人ひとり」という言葉が強調されているのであろう。こうした観点から見れば，子どもは皆，特別な支援を必要としているとも言えよう。

しかし，より特別な支援を必要とする子どもは確かに存在する。それは，障害があるため通常に比べてゆっくりと発達していく子どもや，発達に歪みや行動上の問題を持つ子どもである。

こうした子どもたちは，いわゆる「特別支援教育」においても大きな課題となっている。

■特別支援教育とは

日本では，従来公教育の対象となってきた障害（聴覚障害，視覚障害，肢体不自由，病弱・虚弱，知的障害，言語障害，情緒障害等）に加え，「LD（学習障害），ADHD（注意欠陥／多動性障害），高機能自閉症等，通常の学級に在籍する特別な支援が必要な子ども」を支援の対象にするようになった ▶1。また，「特別支援教育の推進について（通知）」（2007）においては，「幼児児童生徒」という文言が使われ，幼児期も含めた早期からの支援の重要性が強調されている。

▶1 文部科学省 特別支援教育の在り方に関する調査研究協力者会議「今後の特別支援教育の在り方について（最終報告）」2003。

13 特別な支援を必要とする子どもの保育

■新たな対象の子どもはどれくらいいるのか

新たな対象となったLD [2]，ADHD [3]，高機能自閉症等の子どもに焦点を当てた，わが国初の全国調査が文部科学省によって2003（平成15）年に実施され，その後，2012（平成24）年に2回目の調査が実施された [4]。この調査は，担任教師による回答に基づくものであり，専門家や医師による判断や診断を経ていないため，直接，LD，ADHD，高機能自閉症等の割合を示すものではないが，学習面や行動面で著しい困難があると担任教師が回答した児童生徒の割合は，初回調査で実に6.3%にのぼった。さらに，学校数と地域を増やした2回目の調査では6.5%にのぼった。これは，通常学級に必ず1名以上の特別な教育的支援を必要としている生徒がいるという衝撃的な結果であった。

2 発達障害や気になる子どもについて

■発達障害とは

LD，ADHD，高機能自閉症等は，医学の分類によく用いられるDSM-Ⅳ [5] によると「発達障害」に分類されており，高機能自閉症は，広汎性発達障害 [6] に含まれる。

そこで，まず，発達障害について整理してみる。発達障害とは，「脳と脊髄を合わせた中枢神経系の高次機能（言語，記憶，判断，思考，感覚，行動，感情など）の障害が発達期に生じているものを指す。一般には大きく，①知的発達の障害を中心とする知的障害，②自閉症を中心とする広汎性発達障害，③発達のある側面だけが特に障害されている発達の部分的障害（学習障害等），④落ち着きのない行動の問題を中心とする注意欠陥／多動性障害である」 [7]。

[2] 定義については後述するが，Learning Disorder の略。

[3] 定義については後述するが，Attenntion deficit/Hyperactivity disiorder の略。

[4] 文部科学省「通常の学級に在籍する特別な教育的支援を必要とする児童生徒に関する全国実態調査」2002，2012。

[5] Diagnostic and Statilical Manual of MentaL Dsorders,4th Ed の略。アメリカ精神医学会が出している疾患の概念，診断基準のテキストで広く受け入れられている。

[6] 2013年5月に改訂されたDSM-5では,自閉症スペクトラム障害として診断基準も変わった。

[7] 日本LD学会編『日本LD学会 LD・ADHD等関連用語集』日本文化科学社，2004。

■気になる子とは

　以前は，保育現場で「ちょっと気になる子」として注目されていたのが，現在の「特別に支援が必要な子ども」にあたるが，こうした子どもは，後述するように診断に至っていない場合も多い。このため，発達障害があるかどうかではではなく，保育者にとって「かかわりが難しい子で，何らかの支援を必要としており，その後の経過を丁寧に見守る必要のある子どもである」という理解が望まれる。そして，診断を受けることを目標にするのではなく，まず，かかわりを工夫しながら，適切な対応を模索することが大切である。発達障害や気になる子どもの特徴として，LD，ADHD，高機能自閉症について述べるが，それぞれの障害が独立して存在しているというよりも微妙な重なりもあることに留意されたい。

■ LD（学習障害）🔵 8

　LD は，主に学習面でつまずきを示すため，本格的な教科学習が開始される小学校入学以前は，気づかれにくく，正確な判断がなされるのは就学後という場合も多い。背景には，認知（情報処理）過程のどこかに十分機能しないところがあることが想定されている。このような部分的な障害のため，学習面での差が大きく，また子どもの示す状態像が異なることもあり気づかれにくい。その結果，本人の努力不足に帰因されたりしがちで，不登校などの二次的障害を引き起こす可能性も大きい。

　幼児期においては，聞く，話すなどの領域面でのつまずきのほかに，文字に興味を示さないことや極度の不器用さなどの特徴が見られたら，その後の経過を丁寧に見ていく必要がある。

■ ADHD（注意欠陥／多動性障害）🔵 9

　ADHD は，気が散りやすい（他の刺激にひかれやすい）とい

➡ 8 「学習障害とは，基本的には全般的な知的発達の遅れはないが，聞く，話す，読む，書く，計算する又は推論する能力のうち特定のものの習得と使用に著しい困難を示すさまざまな状態を指すものである。学習障害は，その原因として中枢神経系に何らかの機能障害があると推定されるが，視覚障害，聴覚障害，知的障害，情緒障害などの障害や，環境的な要因が直接の原因となるものではない」。文部省，1999。

➡ 9 「ADHDとは，年齢あるいは発達に不釣合いな注意力，及び／又は衝動性，多動性を特徴とする行動の障害で，社会的な活動や学業の機能に支障をきたすものである。また，7歳以前に現れ，その状態が継続し，中枢神経系に何らかの要因による機能不全があると推定される」。文部科学省，2003。

13　特別な支援を必要とする子どもの保育

う「注意力の問題」，考える前に行動してしまう「衝動性の問題」，座っているべき時に座っていられないとか，座っていてもそわそわしているなど動きが多く激しい「多動性の問題」が見られる。この背景には，セルフコントロールの問題，つまり自分がとるべき行動を計画し，過去の経験を現在または未来に生かす視点を持ちながら行動することの難しさがあると言われている。

　幼児は，元来衝動的かつ多動であり，幼児期に判断することは，難しいが，注意されてばかりのかかわりのなかでは，年長になると攻撃的，反抗的になるなどの二次的問題が生じる場合がある。気が散りにくい環境の設定や早めの言葉がけなどの保育者の工夫が求められる。

■高機能自閉症 ➡10

　高機能自閉症とは，知的発達の遅れを伴わない自閉症を指すが，その自閉症の特徴は，①社会性（対人関係）の質的な障害，②コミュニケーションの質的な障害，③こだわり行動の3つである。障害の程度によって症状は異なり，対人関係面では「視線が合わない」，コミュニケーションの面では「話し言葉がない」，こだわり行動では「反復的な常同行動」が見られるのが重篤な場合の例である。
　高機能自閉症の場合，対人関係面では「子ども同士の仲間関係をつくることが困難」，コミュニケーション面では「話せるが，表情やジェスチャーを適切に使用して会話を続けることの困難」，こだわり行動では「特定の事柄や手順に頑なにこだわる」といったことが見られる。また同様に知的障害を伴わない自閉症としてアスペルガー症候群がある。アスペルガー症候群では，言語面での著しいつまずきは見られず，むしろ大人びた口調と内容で話す。しかし，会話の言葉の背後にある比喩などの意味を理解することが難しく，字義通りにとらえてしまいがちである。
　また，自閉症では感覚異常が疑われ，触ることや触られることを

◀10　「高機能自閉症とは，3歳位までに現れ，①他人との社会的関係の形成の困難さ，②言葉の発達の遅れ，③興味や関心が狭く特定のものにこだわることを特徴とする行動の障害である自閉症のうち，知的発達の遅れを伴わないものをいう。また，中枢神経系に何らかの要因による機能不全があると推測される」。文部科学省，2003。

179

嫌がったり，極度の偏食があったりする場合も多い。こうした発達上の歪みや行動上の問題を持ちやすいという障害上の特徴があるために，適切な人的（かかわり），物的環境が用意されていないと二次的な行動上の問題が生じやすくなる。

3 保育現場で直面する問題への理解と対応

　ここからは，2011（平成23）年度と2012（平成24）年度の2回にわたり，某市主催で実施された保育者対象の障害児保育研修会での事前アンケートの質問内容を紹介しながら，発達障害や気になる子への理解と対応について考えてみることとする。

■障害の有無の見極めについて

事例1

　年齢の低い子どもで，気になる子がいても年齢の低さによる「幼い部分」なのか，発達障害によるものなのか，について迷うことが多い。低年齢の子の発達障害は分かりにくいものなのか？

➡11 杉山登志郎「精神遅滞の早期発見と早期療育」栗田広編『精神遅滞の精神医学』ライフ・サイエンス，1997。

　杉山登志郎（1997）➡11 は，ある程度の診断が可能となる年齢は平均2歳6カ月前後であるとしている。これは平均であるので比較的重度の障害や先天的な障害であれば0歳という早期に発見され，比較的軽度の障害であれば診断されるのは2歳6カ月以降になろう。そもそも，乳幼児期は発達期であり状態像が変化することもあるため，軽度になるほど診断に時間を要するし，経過観察を経ないと診断できない場合もある。前節で述べたようなLD，ADHDや高機能自閉症の場合はなおさらである。さらに，発達障害の子どもが示す特性を理解することの難しさも存在する。

　後述するが，保育者自身がこのような状況であるならば，保護者

13　特別な支援を必要とする子どもの保育

のわが子への気づきは一層難しいことが想像できよう。

　いずれにしろ，診断名を気にするより，その子どもの発達や状態を丁寧に把握して，その子どもがなぜそうしたのかの原因を考えながら進めることが，障害の特徴だけでなく「特性」の理解にも繋がり，対応の工夫も考えられる。

■行動障害について

事例2

　自分の思いが通らない時に，ガラスや壁に突進したり，頭突きしたりするなど，自分を痛めつけるような行動が見られ，危険なことが多々ある子。「痛み」を感じない，言葉もうまく伝わらない子にどのように伝えていくべきか？

　自らを傷つける自傷行為が見られる原因は，いくつか考えられるが，基本的には，本人にとって極度に辛い状況から逃れるための未熟な形での解消方法となっている場合が多い。だから，痛くなければ意味がないわけで，痛みを感じているはずである。また，本人自身に人に伝える術がないためと理解することが大切である。そして「自分の思いが通らない時」がどのような時か，注意深く見ることである。その時の理由が，障害の特性（こだわりや変化への弱さ，行動の切り替え等）に起因している場合が多いものであり，本人の耐え難さの程度により，自傷行為の程度も違っていたりする。

　そして対応としては，できるならそうした状況をつくらないように工夫することと，保育者が早めに本人の気持ちを代弁してあげることを心掛けられたい。さらに，こうした行為に対して強く叱責したり，その行為の結果，本人の得になるようななだめ方をしたりしないように留意されたい。そうでないと，別の意味（要求を通すため等）を持ったものへと変化しがちである。

181

■言語面について

事例3

言葉の遅れが見られる子に対しての発語の促し方，コミュニケーションのとり方をどう進めていけばよいか？

どの程度遅れているかにもよるが，まず発語より言語理解の面を重視して見ることが大事である。話せても理解が難しい子どもも多い。伝える際，簡潔に，はっきり，ゆっくり，繰り返して話すことや話し言葉だけに頼らず，見て分かるような手がかりを同時に提示するなどに心掛けられたい。

■集団参加について

事例4

集団行動ができない場合，きちんと他児と同じ活動をその子が泣いたり，嫌がったりしてもさせるべきか？　あるいは，自由に活動させるべきなのか？

事例5

集会など人が大勢集まる場所に居ることが苦手で，泣いてしまう場合，皆と一緒に居させた方がよいのか。

事例6

集団生活や行事などで，子どもが泣いて嫌がった場合，どの程度参加したらよいのか。

一口に，集団行動ができないといっても，子どもによってその状況と程度が異なる。すべての集団行動に参加できないレベルから，

13　特別な支援を必要とする子どもの保育

特定の場所や活動に限られている場合まである。原因は，自閉症の特性（人混みや騒がしい場所が苦手，見通しの立ちにくさ）によるものであり，改善が困難な部分でもある。対応としては，まず，どのような参加の仕方であれ，その子どもの現状よりも少しでも「場を共有」できることを目標にして進めることである。「場を共有」できるのであれば，次にその共有の仕方の質が課題となってくる。その質も徐々に向上するのであり，一気に母集団と同様の参加を求めることには無理がある。また，見通しを立てやすくするための予告等の配慮も必要となる。

■仲間関係について

> ### 事例7
> 他児とのかかわりを持てるように，保育者が仲介して遊びに参加させるが，かかわることを嫌がって，拒んだり泣いたりするため，どう進めていけばよいか？

　保育者が仲介することは大切であるが，その保育者との対人関係が深まっていることが前提となる。遊びそのものに興味がない場合は，異なる遊びであっても他児と近い空間で「場を共有」できるようにする。他児とのかかわりが嫌な場合は，並行遊びでもよいから他児と近い空間で「場を共有」することができるようにすることを心掛けられたい。

■対人関係について

> ### 事例8
> 悪いことをした後に保育者が注意すると，顔を隠し，聞く耳を持とうとせず，何の反応も示さなくなる。その後の立ち直りにも時間がかかる。どのよ

183

うな対応がよいのか？

　保育者が注意すると，上記のような反応をするということは，本人は少なくとも「しまった！」とは思っているのではないだろうか。ただし，何が悪かったのかの理解は弱そうではある。しかし，その後の反応は何を意味しているのだろうか。もしかすると，保育者は反省させようと思い，いろいろと話してしまっていないだろうか。あるいは，謝らせることを求めていないだろうか。また，家庭では保護者はどのように接しているのだろうか。注意された＝嫌われたと思っているようにも感じられる。注意した後の深追いをしないことが良策である。

■個別的支援について

事例⑨

　今は未満児クラス在籍のため，個別支援できているが，3歳以上になって保育者の加配があるか不安。初めてのことに対しては，怯えたり，パニックになったりするので誘導が必要。食事は，園では大分いろいろ食べられるようになったが，遊びがち。排泄は，定時誘導してトイレでの排泄を促している。

　確かに，前保育所保育指針の「障害のある子どもの保育」の（イ）には，「……個別の関わりが十分行えるようにすること」とあったが，この「個別の関わり」が優先されて，ややもすると母集団と離れてのマンツーマンの支援になりがちな面も見られた。また，特定の保育者が専属的に担当することになり，その特定の保育者との関係が深まるにとどまり，他の人との関係の深まりに拡がりにくい危惧もあった。こうした反省からか，特別支援教育の考えからか，新たな保育所保育指針では，第1章3「保育の計画及び評価」（2）「指導計画の作成」のキに「障害のある子どもの保育について

13　特別な支援を必要とする子どもの保育

は，……障害のある子どもが他の子どもとの生活を通して共に成長できるよう，指導計画の中に位置付けること。」とある。個別的にかかわる必要のある場面や状況は多々あろうが，まずは「場を共有」できるような環境づくりと保育者間の連携を工夫されたい。

■基本的生活習慣について

　獲得に困難をきたしやすい事柄ながら，保護者は，「しつけ」の問題と考えていて相談すべき事柄と考えていない場合や，家族間の考え方の違いが大きい傾向があるために，増加しやすい問題でもあり，園と家庭との連携が強く望まれる課題である。

a. 睡眠関係

事例10

　午睡時に眠ると機嫌が良く，その後も笑顔で過ごせるが，眠らないと，疲れもあるのか機嫌が悪く，泣くことが多い。眠たい様子も見られるので寝かせてあげたいが，布団に横になることは嫌がるため，抱いて眠らせるなどしている。

　睡眠に問題を抱える子どもは多いが，相談の場などで主訴としてあがってくることは少ない。しかし，本人だけでなく家庭生活上の重大問題である。この質問では，午睡時の問題に限定されているが，布団に寝ることを嫌がる（感触？　温度？　姿勢？）ことから，家庭での睡眠の様子が気になる。午睡と夜間の睡眠との関係もあり，場合によっては，午睡しない方がよいこともあるので，家庭との連携が重要である。

b. 排泄関係

> ### 事例11
>
> 　家庭では，おむつの生活。園ではパンツに穿き替えて過ごしている。トイレに行くのも便座に座るのも嫌がり，大騒ぎしていたが，本児の好きなプリキュアのシールをトイレのドアや便座に貼ったり，排泄している子の絵カードを見せたり，一緒に数を数えあげたりと工夫をしてきたら，最近は嫌がらずに便座に座るようになった。しかし，今まで家庭でも園でもトイレで排尿，排便したことがなく，パンツやおむつにしている。園では夕方まで一度も排泄しないこともある。

　　排泄に関する問題も多い。この事例では，保育者がいろいろ工夫して便座に座れるまでになったが，まだ排泄には至っていない。家庭ではおむつで園ではパンツとなっていることと，園では夕方まで一度も排泄しないことがあることを考えると「排泄はおむつに」というパターンに固着しているように思える。おむつだと失敗しても気づきにくいし，排尿間隔もつかみにくい。ただ，かかわる側は楽でもある。家庭との連携を図り，家庭でもパンツにしてもらえるようにできるとよい。また，排便については，園ではしない子どもが多いが，家庭ではトイレ以外の変な場所でする癖がついている場合もあるため，合わせて確認されるとよい。

c. 食事関係

> ### 事例12
>
> 　偏食が強く困っている。給食は，ご飯に味噌汁をかけないと食べないので，これからの成長に不安を感じる。

> ### 事例13
>
> 　偏食が強く，特に初めてのものは抵抗があり，口に入れようとしないが，

13 特別な支援を必要とする子どもの保育

> 口に入れて美味しいと感じれば食べることができる。

　偏食の問題も多い。原因は感覚障害的なものにあると思われるが，対応によって増加しやすい。園や学校では食べるが家庭では食べないという例も多いが，単に家庭での「しつけ」の問題に帰着させてはいけない。園や学校では他に食べるものがない環境にあり，家庭では他にいくらでもある環境にある。そうした環境の違いの下では，子どもの反応も大きく異なる。また，食べない状況では，食べられるものを提供しようとすることは自然なことでもある。保育者としてできる援助としては，少しでも食べられるように工夫することは必要だが，無理強いは禁物である。

　家庭への支援としては，食事の時にできるだけ他に食べるものがない環境づくりの工夫や，間食の適切な制限（現在よりも少しずつ減らす）などを助言できるとよい。

事例14
　手先が不器用で，衣類の着脱から日常生活の大半のことを自分1人で行うことができず，できることにも自信がなく，保育者に見ていてもらいたがる。

　知的発達には問題がないのに極度の不器用さが見られることもある。上手にできないことでの子ども自身のもどかしさや不安もあり，自信がつきにくく，やる気を失ってしまいがちである。保育者の対応としては，全部がんばらせるのではなく，はじめは，できない部分は支援して，できる部分は子どもにさせて，できたことを大いに賞賛しながら付き添うことである。

187

■こだわりについて

事例15

　時折こだわりが見られ，自分の思うようにならないと癇癪を起こす。そのこだわりを受け入れた方がよいのか？［具体例：一斉活動での鬼の面作りで，「青い画用紙じゃないと僕は作らない」と言う（周りに絵を描くため，濃い色の画用紙は選択肢に入れなかった）］

　　「時折」ということと，言語面の発達状況から考えると，ある程度の見通しと予測を持てる子で，その見通しと予測が外れた時に癇癪を起こすのではないだろうか。こう考えると，事前に手順やルールを視覚的に示したり，モデルを示したりなど，分かりやすく提示することが求められる。具体例の場合，鬼は青いと思い込んだ可能性があるように思われるため受け入れてよいが，癇癪を起こしたことで要求が通ったことにならないように，落ち着いてから受け入れてあげるように配慮する必要がある。
　　いずれにしろ，「こだわり」や「思いどおりにならないこと」と一括して考えるのではなく，その1つひとつの行動を丁寧に見ながら，その理由について考え，対応を工夫していくことが望まれる。

■保護者へのかかわり

事例16

　発達障害の疑いのある子の保護者に「近々ある3歳児健診で相談してみてはどうか」と話したところ，「自分の子は障害児なんだ……」と落ち込み，放心状態になってしまった。今後，どのような点に配慮し，どのように対応していけばよいか？

13　特別な支援を必要とする子どもの保育

事例17

　障害の判定は受けていないが，日々の保育のなかで個別的対応が必要な子がいる。しかし，加配職員がいないため，個別的対応ができにくい状況にある。保護者へは，園での様子を伝える際，できないことばかりでなく，できるようになってきたことも伝えている。「障害」という言葉に敏感になってしまう保護者のようなので，個別的な対応が必要な時があるということをはっきりとは伝えず，さりげなく伝えるように配慮している。そのためか，「うちの子は，ほかの子より成長がゆっくりなので，この子のペースで」と言われてしまう。

　前述したように，発達障害という障害の気づきにくさ，また，発達障害の子どもが示す特性を理解することの難しさが存在する。そのため保育者は，保護者にかかわる際には，まずそのことを念頭においておく必要がある。

　次に，保護者のわが子の障害受容の過程について理解しつつ，保護者の心情について理解を深めておく必要がある。障害のある子どもの保護者の告知後の障害受容の過程について報告された知見はいくつかあるが，中途障害者自身の障害受容の過程とも共通しており，およそ，次のようである。

① ショック期：悲しみに打ちひしがれ，何も手が付けられない状態。
② 否認期：現実を受け入れることができず，直面している問題を否定する（例：専門機関めぐり）。
③ 悲しみと怒りの時期：悲しみと，なぜ自分だけがこんな目にあうのかと憤りを感じ，周りに攻撃的になる。
④ 適応期（融和期）：子ども，そして自分が置かれている状況を徐々に受け入れていく。

189

⑤ 再起期：わが子のよりよい成長に向けて前向きに取り組んで
いく。

　しかしながら，この流れは一方向的にだけ進むのではなく，状況
によっては可逆的である。障害の特性の理解が難しい発達障害や気
になる子どもの保護者の場合は，周囲の無理解や誤解があるとこの
傾向は強まる可能性が高い。
　また，障害が確定されるまでに時間を要する発達障害や気になる
子どもの保護者では，告知前の過程が存在する。保護者は，集団で
の活動の機会が増えるにつれて，わが子の様子が「どこか他の子と
違う」と薄々気づきはじめる。しかし，保護者は，その不安を何と
か打ち消そうと，自らに言い聞かせようとする。つまり，ショック
期の前に「気づき」と「否認」が経験されていることになる。この
時期は，わが子の問題を指摘されたり，専門機関に足を運ぶこと自
体を受け入れがたい状況にあったりすることが推測される。また，
さまざまな事情によって専門機関にかかることができない状況にあ
る保護者も存在する。こうしたことを念頭に置きつつ，個々の保護
者の実態や置かれている状況に留意しながら，保護者を支えていく
必要がある。
　事例に戻って考えてみると，事例16では，まだ保護者に「気づ
き」がないように思える。唐突に3歳児健診での相談を勧められれ
ば，まさに「ショック」である。それまでの保護者とのやりとりの
経緯が分からないが，子どもの発達や状態についての理解の共有に
欠けていたように思える。今後は，この点の改善が求められる。事
例17では，「否認」の状態にあるとも受け取れる。具体的な「個別
的対応」が必要な時をはっきり伝えてよいのではないかと思える。
ただし，この「個別的対応」が必要な時が，障害の特性の理解に繋
がるような具体的な説明でなく，「手がかかる」といった印象を与
えるような説明では理解は得られない。

13 特別な支援を必要とする子どもの保育

■おわりに

　園と家庭でも共通する生活上の課題が多いが，独自の課題（園では集団参加，家庭では障害の受容）もある。前者についてはより家庭との連携を密にすることが，後者については保護者との相互理解を図ることが求められよう。また，抱え込まずに積極的に専門機関からの助言を得ることも必要であろう。

参考文献

海津亜希子「特別支援教育の流れと幼児教育」『幼稚園じほう』2006
海津亜希子「発達障害者や気になる子どもとその保護者へのかかわり」
　小田豊・秋田喜代美編『子どもの理解と保育・教育相談』みらい，
　2010
パール・バック著・松岡久子訳『母よ嘆くなかれ』法政大学出版局，
　1950

14章 多文化共生の保育, いのちを大切にする心を育む保育

1 子どもの人権——コルチャック先生の遺言

　グローバル化が進行し，多文化社会が到来している現代の状況において，保育の営みもまた，そうした時代的変化に対応していく必要がある。ここにおいて，異質なものを受け入れ，多様性を尊重する態度があらゆる人々に求められることになり，そうした態度を涵養するために，乳幼児期段階から異文化間教育・人権教育を推進していくことが求められるのである。

　さて，子どもたちの未来を見据えて人権保育を行っていくうえで，まずは保育における人権とはいかなるものかについて「子どもの人権」の問題を検討するなかで吟味していくことにしたい。

■「子どもの権利条約」の精神的支柱としてのコルチャック

　「子どもの人権」について考えていくうえで，まずもって取り上げるべきは，国連総会で1989（平成元）年に採択された「子どもの権利条約」（Convention on the Rights of the Child；日本は1994（平成6）年に批准）である。だが，その検討に入る前に，この「子どもの権利条約」（および1959（昭和34）年に採択された「子どもの権利に関する宣言」）の「精神的な父」とも讃えられるコルチャック（Korczak, J., 1878～1942）の思想について触れておきたい。コルチャックのエッセイ『子どもの権利の尊重』は，ポーランド政府の提案によって「子どもの権利条約」の原点と見なされており，コルチャックの思想を検討することは「子どもの権利条約」のうちに織

14章　多文化共生の保育，いのちを大切にする心を育む保育

り込まれている思想を生きた姿でとらえるうえで不可欠である。

コルチャック（本名：ヘンリック・ゴールドシュミット）はユダヤ系ポーランド人で，医師であり教育家であり児童文学者であった。彼は医学部を卒業した後，小児科医として働いていた。その一方で作家としても活躍し，加えて孤児たちの教育活動にも尽力した。ユダヤ人の子どもたちのための孤児院「孤児たちの家（ドム・シェロット）」と，ポーランド人の子どもたちの施設「僕たちの家（ナシュ・ドム）」（この施設は現在も児童教育施設として使用されている）を創設し，教師と子どもが家庭的な環境において互いの関係を築いていけるような場を提供した。そこに迎え入れられた子どもたちは，戦争孤児，障害者，アルコール依存症，革命家・テロリストの子，浮浪児，売春婦の子，親が服役中の子など実にさまざまであった。だが，ポーランドがナチスドイツに占領された後，ユダヤ人だったコルチャックと孤児たちも，ユダヤ人狩りの対象となった。コルチャックには多大な功績があったため彼を助け出そうとする声もあがっていたのであるが，彼は子どもを見捨て自分だけが助かる道を断固として選ばず，子どもたちと共にいる道を選択し，最終的に200人の孤児と共にトレブリンカ強制収容所に移送され，ガス室で殺害された。

コルチャックは子どもを「未完成の大人」とは見なさず，1人の人間として尊重していた。そして子どもを権利の主体と見なし，さらには「子どもの権利を尊重する」ことを第一に考え，他者の尊重を基盤として教育実践を行ったのである。そうした彼の思想は，「子どもの権利条約」のうちに受け継がれることとなった。

■「子どもの権利条約」について

次に「子どもの権利条約」について見ていくことにしよう。「子どもの権利条約」は，前文と本文54条からなり，そこでは，子どもの生存・発達などの権利を実現するための事項が規定されている。

193

ここにおける「子ども」とは18歳未満の児童を指し（第1条），「子どもの権利条約」は国際人権規約（第21回国連総会で採択，1976（昭和51）年発効）が定める基本的人権を子どもの視点から詳述したものである。そして「子どもの権利条約」では「差別の禁止」について次のような記述がある。

第2条（差別の禁止）

1　締約国は，その管轄内にある子ども一人一人に対して，子どもまたは親もしくは法的保護者の人種，皮膚の色，性，言語，宗教，政治的意見，その他の意見，国民的，民族的もしくは社会的出身，財産，障害，出生またはその他の地位に関わらず，いかなる種類の差別もなしに，この条約に掲げる権利を尊重しかつ確保する。

2　締約国は，子どもが，親，法定保護者または家族構成員の地位，活動，表明した意見または信条を根拠とするあらゆる形態の差別または処罰からも保護されることを確保するためにあらゆる適当な措置をとる。

ここでは，いかなる子どももあらゆる種類の差別から擁護され，その尊厳が守られねばならないという原則が掲げられている。だが，私たちは「子どもの権利」という概念そのものがひとつの矛盾を抱えている可能性があることを自覚するべきである。と言うのも大人は子どもにとって「子どもの権利」の侵害者となりうるにもかかわらず，常に「子どもの権利」の仲介者であらねばならないからである。教育という営みを通じて，子どもは共同体の一員となるよう促される。そして子どもは大人の世界のルールを身につけ，世の中の秩序を把握する。こうした「社会化」の過程で，大人の側の意図的・無意図的かかわり（＝教育）が不可欠となってくるのであるが，大人の側が「子どものために」何らかの行為を行う際，その行為が子どもにとって不当な行いとなる場面もしばしば存在する。たとえば，近年問題となっている「体罰」の問題もこうした問題と関連している。体罰を行っている教師・保育者に「なぜ体罰を行って

14章　多文化共生の保育，いのちを大切にする心を育む保育

しまうのか」と問うた場合，おそらく多くの教師・保育者は「その子をしつけるため」だとか「その子のためを思って」と答えるであろう。決して「子どものことが憎くて体罰を行った」とは答えないのではないか。だが，「子どものため」という大人の自己正当化の論理が「子どもの人権」を不当に侵害する危険性があるということを，大人は常に反省するべきなのである。愛情をもって行えばすべてが正当化されるわけではない。こうした問題は「教育の孕む暴力性の問題」と呼ばれる。私たちは子どもに教育を行うことを無条件に「良いこと」と見なしがちであるが，教育は1歩間違えれば子どもたちの権利を侵害する「暴力」にもなりうるのだということを私たちは自戒すべきなのである。子ども（特に乳幼児の場合は顕著）は自らの権利を大人に仲介してもらわねばならない存在である。子ども自らが権利を行使しはしないのである。だからこそ，「子どもの権利」の仲介者である大人は常に自らの行為が「子どもの権利」を保障するものであるよう，繊細な配慮を心がける必要があるのだ。

2 差異をありのままに——Tolerance な心を育てる

■多様な文化的背景を持つ子どもたち

ところで，冒頭でも述べたとおり，現代はグローバル化が急速に進行しており，私たちを取り巻く環境もこれに呼応する形で変化している。そして，保育の現場においても，両親がともに外国籍の子どものみならず，一方の親が外国人の子ども，日系の子ども，帰国子女など，多様な文化的背景を持った子どもが増加している◖▶1。

図14-1を見てほしい。1980年代まで，日本に住む外国籍住民の多くは，第2次世界大戦前あるいは戦中から日本に居住する韓国・朝鮮人とその子孫であり，全外国人登録数の約7割を占めていた。だが，その数は1991（平成3）年以降減少し，2003（平成15）年に

◖▶1　天田邦子・大森隆子・甲斐仁子編著『子どもを見る変化を見つめる保育——保育原理入門』ミネルヴァ書房，1999，p.193。

は全体の約3割に留まっている。これに対して、1980年代後半以降わが国に居住した、いわゆるニューカマーの数は増加している 📖2。特に中国、ブラジル、フィリピン、ペルー出身者の増加は著しい（図14-1）📖3。こうした状況において、保育現場における外国人児童の数も増加し、さらには「多国籍化」「多文化化」も進行しているのである。

■「トレランス」の必要性

ではそうした多文化共生時代の保育に際して、私たちにはいかなる態度が求められるのであろうか。ここにおいてキーワードとなるのが、「トレランス (tolerance)」という語である。「トレランス」とは、寛容、寛大、包容力、耐性、耐久力などを意味するが、この語は、異なる文化的背景を持った人と接した時に私たちがとるべき態度を示すものとして近年注目を浴びている。私たちが異質な他者と接した際、その他者を排除するのでも攻撃するのでも、また目を背けるのでもなく、その他者の存在を認め、理解しようと努めること、こうした態度が「トレランス」の語のうちに込められている。さらに「トレランス」は、私たちが異質な他者と接する際に違和感を抱くこと自体を否定するものではないという点にも注目すべきである。「トレランス」は異質な存在を無条件に受け入れることを称揚するものではなく、この語が「寛容」と同時に「耐性」を意味するように、異質な他者と向き合い続け、そのなかで自己の価値観を変容させ、他者とかかわり続けることを目指しているのである。「寛容」と「耐性」

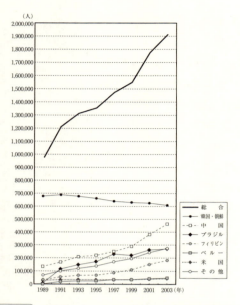

図14-1 国籍（出身地）別外国人登録者の推移 📖4

📖2 2007年には中国が韓国・朝鮮を追い抜き、日本で最大のエスニックグループとなった。その原因としては、ニューカマー中国人の増加と、帰化等による在日コリアンの減少があいまったものと考えられている。（広田照幸監修・志水宏吉編著『リーディングス 日本の教育と社会17——エスニシティと教育』日本図書センター、2009、p.9）。

14章　多文化共生の保育，いのちを大切にする心を育む保育

を同時に含み持つ「トレランス」な態度を大切にすることは，他国の文化を尊重することのみならず，自国の文化を尊重する態度へと繋がる。他国の文化を知り，それを尊重することで自国の文化は相対化されるのであるが，これにより自国文化の特質や豊かさを再発見し，改めて自国の文化に出会い直すことができるのである。

■幼児期における多文化共生教育

さて，こうした「トレランス」の涵養は，幼児期から行われるべきである。互いの違いを肯定的に受け止め，それを個性として尊重する態度を培うためには，幼少期から多様な文化に触れ，異質な存在に対する感受性を高めておく必要がある。しばしば幼児は自分と異質な他者に対して違和感を覚えたり，相手を傷つけるような行動をとったりすることがあるが，そうした場合，保育者には以下の対応をとることが求められる ➡ 5。①文化の違いに対する子どもの否定的な反応にはすぐ対応する。②なぜいやな気がするのか，子どもたちに分からせるようにする。③どんな返事が人を傷つけるのかを説明し，代わりにどうするのがよいのかを教える。

ところで，異質な存在を受け入れるという態度は，なにも国籍の異なる者同士の間でのみ求められるものではない。大人にとって子どもは異質な他者であるし，何より私たちのうちには誰一人同じ人間などいない。他者を受け入れる「トレランス」な態度は，人と人とのかかわり全般において必要とされることと言えるのである。

3　いのちを繋げる──未来への責任としての保育

いのちを大切にする保育とは何であろうか。もちろん，保育の内容として，子どものいのちを大切にする感情を育むということも考えられる。たしかにそれも重要な保育内容ではある。しかし，そもそも，保育という営みそのものに，いのちを大切にするという価値

◀3　山田千明編著『多文化に生きる子どもたち──乳幼児期からの異文化間教育』明石書店，2006，pp.16-18。

◀4　同上書，p.17。

◀5　箕浦康子『地球市民を育てる教育』岩波書店，1997，p.92。

197

や目的が含まれているのではないか。このことを，本節でこれから考えてみたい。

　現代のドイツの倫理学者であるヨナス（Jonas, H., 1903 〜 1993）は，「人類がこの先も存続すべし」という命令があらゆる倫理的な責任の基礎にあると言う◖6。そして，このような責任の必要性が一番はっきりと表れるのは乳飲み子の場合である。あらゆる生物は生きることそれ自体を自己目的としているが，赤ん坊は自分1人だけでは生きていけない。誰にも世話を受けなければ，その子は死んでしまう。したがって，親が乳飲み子を世話する責任は明白であり，しかも緊急性を有するのである。

　しかし，1人の子どもを育てるということは，その子1人だけに対する責任を意味するのではなく，実は人類全体に対する責任を意味している。と言うのは，この世に生まれた子ども全員が大人になる前に死んでしまったらどうなるであろうか。言うまでもなく，その子どもたちは親になることはできず，人類は絶滅してしまうであろう。それゆえ，子どもに対する親の責任とは，1人の子どもを育てることを通じて，その次の未来世代の存続にも責任を持つことである。言い換えれば，子育てというものは，1人ひとりの子どものいのちを守ることによって，人類の現在から未来へのいのちの繋がりにも責任を持つことである。この責任は，親に代わって子どもたちの世話を担う保育者にもあてはまるであろう。

　とは言え，こうしたいのちの繋がりへの責任は，詳しく見れば，抽象的・普遍的次元と具体的・個別的次元の2つの次元に分けられる。たとえば，人類を存続させなければならないからといって，すべての女性が子どもを産まなければならないということになるであろうか。一般に，私たちはそうは考えない。そうしたことを命ずるのは全体主義国家だけであろう。それゆえ，人類の存続に対する責任というのは，集団や国家の単位での責任であって，人間1人ひとりの責任ではない。すべての人が子どもを産まなくなったり子育て

◖6　ヨナスは，科学技術が高度に発展した現代の状況に対応するために，未来世代への責任や自然の権利を含む新しい倫理学を樹立した。（ヨナス，加藤尚武監訳『責任という原理——科学技術文明のための倫理学の試み』東信堂, 2000）。

14章　多文化共生の保育，いのちを大切にする心を育む保育

を放棄したりすれば人類は絶滅してしまうが，誰かは産まなくても
誰かは産むという集団的・全体的な状況のなかで，この責任は果た
されている。

　その一方で，具体的・個別的次元では，人類の生存という一般的
な目的ではなくて，「ほかでもないこの子」が大人になってよい人
生を送れることが目標になる。この場合，親の責任は，子どもが独
力で生きていける大人になれば終了する。そのとき保育者は，子育
てのすべての期間でその子にかかわることはできないから，その責
任は部分的なものではある。しかし，保育者は，子どもが1人で生
きていけるための基礎を培うという責任を負っていると言える。

　このように，保育という営みは，人類の生存という目的に対して，
抽象的・普遍的次元と具体的・個別的な次元の両方で貢献している。
人類の生存という目的を掲げるからと言って，保育者は，未来の人
類の理想的な状態を計画し，その計画を実現できるような子どもを
育て上げることに責任を持つわけではない。人間の本質のひとつは
自由であり，子どもを理想的な社会計画を実現するための手段にす
ることはできない。人類の生存という目的はもっと控えめなもので
あり，人類を絶滅させないということである。そのとき，保育者が
すべきことは，大人になった子どもたちが，さらに次の世代へといのちのリレーを繋げていけるように願いながら，目の前にいる1人
ひとりの具体的な子どもがよき人生を送れるように支援をすること
である。

4　保育の基礎にある母性と愛

■なぜ母性的なかかわりが必要なのか

　保育という営みは，人類が前の世代から次の世代へと大いなるい
のちの繋がりを伝達・継承していくために不可欠な活動である。こ

のことを踏まえつつ，「母性」という言葉をキーワードにして保育の理念について考えていきたい。

母性とは，最も狭義には妊娠・分娩・産褥期の女性の身体的特徴や状態を指す。少し広義には，妊娠・分娩・産褥期の一時期に限らず，母であり，母となりうる可能性を持つ全期間において母性をとらえることもある。さらにそこから発展して，最も広義には，日本の場合，母性という言葉が庶民における観音信仰等に見られる自己犠牲と無限抱擁といった観念を含みこんできた。一方，西洋では，唯一神ヤハウェに対する信仰が掟・罰・対等な契約関係等を含む父性原理を表してきたのに対して，聖母マリア信仰において，受容・赦し・弱い存在への愛といった母性原理が見られた。

このように，母性を単なる生理学的事実を指すものととらえるのではなく，歴史的に形作られた観念と見なす必要がある。日本で母性という言葉が広まったのは大正期であった。これを促したのは，与謝野晶子（1878～1942）の『母性偏重を排す』という論文をめぐって平塚らいてう（1886～1971）らとの間で交わされた「母性保護論争」であった➡7。ここで争われたのは，男女は同権であるべきか，それとも，女性には母親という特別な役割があるのかということだった。そこで，らいてうは「種族としての婦人の職分」に言及している。らいてう本人の意図はともかく，子どもを産む性としての母性という観念が，政治的に利用されてきたことは否めない。国家が富国強兵をし，戦争に勝利するために，兵力となる子どもと，その子どもを産み育てる母親の役割が賞賛されたのである。こうした社会通念は現代でも残っており，女性の社会進出の障害となっている事実がある。

母性という言葉は単に医学的な根拠に基づくものではなく，文化的・倫理的な観念であると見なすべきであろう。と言うのは，たしかに先述した医学的な意味での母性ももちろん重要ではあるが，保育にあっては，実際の母親ではない保育者が母親の代わりとして母

➡7 与謝野晶子「母性偏重を排す」鹿野政直・香内信子編『与謝野晶子評論集』岩波書店，1985，pp.136-147。

14章　多文化共生の保育，いのちを大切にする心を育む保育

性的なかかわりを担うということが重要になるからである。

　では，保育者が実践すべき母性的なかかわりとは何であろうか。現代では，キレる子どもやいじめの問題が取りざたされ，そのとき，教育や子育てに原因があったのではないかと一般に言われる。その際，こうした問題に対する主な2つの反応は，「厳罰主義」と「自由主義」である□8。厳罰主義では，キレる子どもやいじめをする子どもにはしつけが足りなかったのだとされ，解決策として厳しいしつけが要請される。これは，現代では厳しい父親が不在で，甘やかされた子どもばかりが育っているため，今こそ父性が必要だという「父性の復権」の主張である。それに対して，自由主義は，厳罰主義とは反対に，現代の子どもには自由が少ないので，もっと自由が与えられていたならば，キレたり，いじめたりしなかったはずだ，と主張する。

◀8　加藤尚武『子育ての倫理学——少年犯罪の深層から考える』丸善，2000，pp.7-12。

　しかし，前者の厳罰主義は逆効果であり，自由主義は子どもの健全な成長について楽観的すぎる。これら2つ以外に，少年犯罪や非行の問題を考えるうえで重要だと見なされているのが母性的なかかわりである。

　イギリスの小児科医ボウルビィ（Bowlby, J., 1907〜1990）によれば，大人がやめさせたい行為を乳幼児期の子どもがするときに，罰をもって対応するのは，第一に，不必要であり，第二に，逆効果である□9。不必要であるというのは，たとえば何か子どもが危ないものを手に取ったり，食べようとしたりする場合，それを子どもの手の届かない場所に持っていくというような「好意的な干渉」をすればよいのであり，罰に頼ったり，罪悪感に訴えたりする必要はない。次に，罰が逆効果である理由は以下の2つである。まず，乳幼児期の子どもは，罰によって大人がやめさせたい行為を規則的に差し控えるようになるという精神構造をまだ持ち合わせていない。さらに，子どもに罪の意識や不安を植え付けることは，むしろ反抗者や非行少年を生みだすことに繋がるのである。また，子どもは大人

◀9　ボウルビィ，作田勉監訳『母子関係入門』星和書店，1981，pp.20-21。

201

の情緒的な態度に敏感なので，しつけをする際の声の調子，しぐさ，表情も重要である。

　乳幼児期に無条件に受容されるという経験をしなかった子どもが高い死亡率や低い発達指数を示すことは，スピッツ（Spitz, R., 1887 〜 1974）の調査で知られている。①普通の家庭，②栄養と衛生の面ではほぼ理想的な条件を整えたモデル施設，③非行をおかした女性の厚生母子寮という 3 つのグループに分けて，各 100 名の子どもの発達過程を生後数年にわたって追跡調査した結果，③の厚生母子寮の子どもは普通の家庭の子どもと同じように成長したが，②のモデル施設の子どもは，高い死亡率と低い発達指数を示したのである。②のモデル施設では 1 人の保育者が 10 人の子どもの面倒を見ていたが，③の母子寮では 1 人の母親が 2 人の子どもの面倒を見ていた◀10。この調査から分かるように，母親が非行をしたかどうかは関係なく，子どもとの付き合いにたっぷり時間を取ってくれたかどうかが大切なのである。このことを踏まえて，ボウルビィは，「母性的養育の欠如」が子どもの心身の発達不良をもたらすと言う。

　もっとも，保育者が子どもとの間に情緒的な絆を結べるかどうかは，それ以前の子どもの他者との関係に依存しており，保育者の努力だけではどうしようもない部分がある。子どもの生後数年の間に，母親かその代わりになる人が母性的養育をしてこなかったなら，後からどんなに母性的なかかわりをしたとしても手遅れかもしれない。と言うのは，ある時期に面倒を見てくれた若い看護婦と非常に親しい関係になった子どもは，その看護婦が自分の結婚によってその子の世話を終えなければならなくなったとき，「僕だけのメアリー・アン！　でも，お前なんか好きじゃない」と言ったというのである◀11。生後の早い時期において母親や他者との情緒的な絆を結べていないと，子どもはこうした別れに際して，愛されていない，見捨てられた，拒否された，という気持ちを抱くようになる。このように，保育者は限定された期間においてしか子どもを世話することが

◀10 加藤尚武，前掲書，pp.66-67。

◀11 ボウルビィ，前掲書，pp.14-15。

14章　多文化共生の保育，いのちを大切にする心を育む保育

できず，保育者が子どもと良好な関係を築けるかどうかは，子どもがそれ以前に母性的養育を受けているかどうかにかかっている。しかし，だからこそ，母性的養育が欠如してきた子どもにとっては保育者が最後の拠り所となるということも確かである。

それゆえ，保育者は，日々，子どもに対する母性的なかかわりを心掛けなければならない。母性的なかかわりとは，子どもを無条件に受容すること，家庭的な雰囲気のなかで子どもとの情緒的な絆を形成することを意味する。このことを通して，子どもに愛される喜びを感じさせることが大切である。子どもは，愛される経験を通じて，その後の人生を歩んでいくために必要な自尊心を形成するからである。

■平和を築くための母性的かかわりの意義

このように，特に乳幼児期の子どもがその後健やかに成長していくためには，母性的なかかわりが不可欠である。最後に人類の未来を視野に入れて母性原理の意義について考えてみたい。平塚らいてうは，当初，自分自身を含む女性の自我や個性の解放を唱えていた。しかし，らいてうは，恋愛と出産を経て，女性が人類という種族と直接関係を持っていることを自覚し，人間として，個人としての人生だけでなく，女性として愛の生活を営むものとしての婦人の役割を考える必要があると記した ◀12。また，堕胎によって子どもを拒否することは，現在の不安や恐怖のために，全体と未来にわたって考案することを欠いているのではないか，と述べた ◀13。らいてうの母性の自覚が「自然」なものなのか，歴史的に形作られた観念によるのかを追究する必要はない。確かなことは，母親として，自分の自我や個性としての自己実現を多少犠牲にしてでも，子どもに対すると愛と，人類という種族の未来のために生きることを選択したということである。

戦争，環境問題，そして，エネルギー問題や最近の原発事故など

◀12 平塚らいてう「『個人』としての生活と『性』としての生活との間の争闘について」小林登美枝・米田佐代子編『平塚らいてう評論集』岩波書店，1987，p.33。

◀13 同上書，p.74。

203

の事例を見ると，男性優位の社会が往々にして短期的な自己利益を優先しがちであったことを痛感せざるを得ない。それに対して，母親たちは，現在の子どもたちだけでなく，将来生まれてくる子どもたちのためにという思いで，核兵器廃絶や世界平和を祈願してきた。

　もちろん，こうした子どもへの愛を誰もが当然に持ちうるわけではない。他者に愛情を抱けること自体が，母性的養育，母性的かかわりの賜物なのである。自分自身が母性的養育を欠如して育った母親は，子どもに対しても母性的養育を行うことができない。1人ひとりの子どもに向き合うことだけではこの悪循環を断ち切ることはできず，家庭への働きかけが必要になる。もちろん，こうした家庭への働きかけは保育者の仕事を超えている。

　保育者が子どもとかかわる時間は限られており，しかも，保育者と子どもが出会う以前の養育の状態によって，子どもの健全な発達は左右されてしまう。しかし，それでも，保育者は，子どもの発達の大切な時期に影響し，子どものその後の人生を左右する。保育者が子どもたちと母性的なかかわりを持つことによって，子どもが非行や犯罪に走ったりするのを防げる可能性が全然ないわけではない。親から，そして保育者からも見放されてしまった子どもは，将来，親になった時に自分の子どもを愛することができない。保育者が1人ひとりの子どもに対してたっぷりと愛情を注ぐことが，人間間の争いを断ち切り，ひいては世界平和を築くことに繋がってくるのである。

参考文献

天田邦子・大森隆子・甲斐仁子『子どもを見る変化を見つめる保育
　　──保育原理入門』ミネルヴァ書房，1999

加藤尚武『子育ての倫理学──少年犯罪の深層から考える』丸善，
　　2000

近藤二郎『[決定版]コルチャック先生』平凡社，2005

玉置哲淳『人権保育とはなにか？──その考え方と具体化への提言』

14 章 多文化共生の保育，いのちを大切にする心を育む保育

　　解放出版社，1991
平塚らいてう『平塚らいてう評論集』岩波書店，1987
広田照幸監修・志水宏吉編『リーディングス　日本の教育と社会——
　　エスニシティと教育』日本図書センター，2009
ボウルビィ，作田勉監訳『母子関係入門』星和書店，1981
ボウルビィ，二木武監訳『ボウルビィ　母と子のアタッチメント——
　　心の安全基地』医歯薬出版，1993
箕浦康子『地球市民を育てる教育』岩波書店，1997
山田千明編『多文化に生きる子どもたち——乳幼児期からの異文化間
　　教育』明石書店，2006
与謝野晶子『与謝野晶子評論集』岩波書店，1985
ヨナス，加藤尚武監訳『責任という原理——科学技術文明のための倫
　　理学の試み』東信堂，2000

205

終章 Eternal Beauty ——朽ちることのない美

> 「多様なものが多様なまゝに　共に生きる
>
> 　　　　それが生命の摂理であり　宇宙の摂理である
>
> That we live together in our diversity, this is the providence of life,
>
> 　　　　the providence of the universe. [1]」

[1]　龍村仁監督「地球交響曲ガイアシンフォニー　第二番　佐藤初女編　冒頭の言葉」オンザロード, 1995。

Eternal Beauty

多様な存在が調和して生きる。理性ある存在としての人間が古代から問い続けてきたテーマである。それでは現代社会において私たち人間は，どのようにすれば，多様な個性を生かすことができるのだろう。

人類の歴史をひもといてみれば，この問いに対する答えはたやすく得ることができるかもしれない。

「なぜ，戦争は起こるのか」

多様な個性の集合体である社会において，もし，人間が教育を受けることがないならば，平和な共同体は永遠に生まれないだろう。14章で触れたように，大人は自分よりも弱い存在を守る責任（responsibility）を有し，より善い社会を建設するために，子どもたちに寛容さ（tolerance）を身に付けさせなければならない。なぜならば，人類の悲願である世界平和，それを実現するためには，人類のうちにある多様性への正しい理解が欠かせないからである。いわば，教育の重要な目標のひとつは，他者のうちにある自分とは違う

終章　Eternal Beauty

考えや違う才能への理解，言い換えれば，多様性の理解のためにある，とも言えるだろう。

　本書は保育の基本や全体像を鳥瞰的に理解するために執筆されている。保育内容総論，この書を通して，保育の全体をざっくりと理解し，保育，そして教育が乳幼児にとっていかに大切なのかを知ってほしい。

　それらを踏まえて，この終章では，子どもを見る目——子どもをいかに見るか，といった，保育の原点とも言える位置へ立ち戻ってみよう。養成校や保育現場で身に付けたり学んだりする保育の知識や技術も，「子どもをどのようにとらえたらよいのか」といった子ども理解を礎にして，その上に積み上げていくことが望ましいだろう。

　さてここで，「子どもをどのようにとらえたらよいのか」という問いに答えるために，1枚の絵画に手がかりを求めたい。それは，応募総数64カ国，3147名，2013（平成25）年イタリア・ボローニャ国際絵本原画展において入選した77作品のうちの1枚である。作者は，バーサンスレン・ボロルマー（Bolormaa, BAASANSUREN, 1982～），モンゴル出身の女性画家である。

　この絵本原画展 ➡2 には，それぞれの画家が5枚の絵をセットにしてエントリーする。自分の心を，国々の様子を，家族の在りようや国家や社会への批判，地球にあるさまざまな動物，そして身体の動きなど，テーマは多種多様である。77の入選作品を観て共通することは，5枚の絵がその作者の意図するものを雄弁に語っているということである。言わば，1枚の絵に魂を入れ込み，全身全霊で打ち込むこと。「自分だけの表現のアイデンティティー ➡3」を独創性というキーワードのもとで花開かせるならば，それは流行に惑わされないもの——「本当の美しさとは，いつまでも残り，決して古びたりはしない ➡4」ものになることを教えてくれている。流行に惑わされないもの，そして決して古びたりしないもの。そのなかに真実の美があるという言葉を心において，ボロルマー氏の絵を

➡2　ボローニャ国際絵本原画展（巡回），西宮市大谷記念美術館，2013年8月17日～9月23日。

➡3　マリア・グラツィア・マッズィテッリ（Maria, Grazia, MAZZITELLI），松岡希代子・高木佳子編（板橋区立美術館）『2013ボローニャ国際絵本原画展・図録』一般社団法人　日本国際児童図書評議会（JBBY），2013, p.11。マッズィテッリは，創立150周年を迎えるイタリアのサラーニ出版の編集者であり，ボローニャ国際絵本原画展の5人の審査員のうちの1人である。

➡4　同上。

観てみよう。77の入選作品のなかで、ひときわ目を惹くこの作品は、子どもの教育について真剣に考えようとする私たちに貴重な示唆を与えてくれる。

1　"I am not like the others. That's why I am happy." 5 ――違うからこそ幸せ

> 5　同上書、バーサンスレン・ボロルマー、1枚目の絵画の題目, pp.22-23。

　上記の英語のタイトルは、ボロルマー氏がエントリーした絵本原画の1枚目のもの。日本語では「わたしはみんなとちがう。だからこそ幸せ」。このタイトルと絵本原画を観たとき、「なんて素晴らしい言葉だろう。こんな風に感じられたなら、どれほど私たちは幸せだろう」と、心の底から感動した。保育する子どもはもちろんのこと、出会う子どもすべて、否、自分の周りにいるすべての人間、他国の人々、異なる民族、異なる宗教、異なる肌の色など、違うからこそ幸せ、と皆が思えるなら、かならずや、この地球に希望のある

I am not like the others. That's why I am happy.
© *Bolormaa Baasansuren*

208

終章　Eternal Beauty

未来が待っていることだろう。

　それでは，ボロルマー氏の5枚の絵本原画について紹介しよう。主人公はモンゴルのゲルに伝統的なスタイルをもって暮らす髪の長いナランというかわいらしい女の子。彼女はゲルで犬，馬，羊などたくさんの友だちと共に，モンゴルの民族衣装を身に纏って幸せに暮らしていた。しかし，都会に行くと世界中のファッションが溢れている。ファッショナブルな人々。そうした人々が，伝統的な衣装を着て，モンゴルの女性らしく長い髪をもつナランのことを見て，くすくす笑っている。すると，ナランはとうとうはずかしくなって，長い髪を自分で切ってしまった。でも，ナランは気づく。「美しさは心の中にあるもの➡6」であり，そして，私は私らしく生きることが美しいと。「わたしはみんなとちがう。だからこそ幸せ➡7」と。

2 **For others, with others.** ➡8
　　──他者の望みに応える人になる

　私は私らしくあることが美しいと思える大人に育てたい。それは，すべての教育者の願いである。そして，1人の子どもが自分のありのままをまっすぐに見つめ，受け入れ，自分の生きる道を自分の力で探し出せる人──いわば，生きる力を持った大人──になること。それこそ，教育の目標である。それではこうした目標のために私たちは，具体的には，どのように子どもに接すればよいのだろう。

　それを端的に言うならば，子どもの心にわが心を寄せて，そのすぐ近くで，子どもを見守り続ける大人になることだと思う。この世に生まれた子どもは，どの子もみな，伸びていく力を持っている。それを見出し，引き出し，育てるために，大人はその育ちをじっくりと落ち着いて，見守り続けたい。ともすると，私たち大人は，子

◀6　前掲書，p.23。5枚目の絵本原画の題目。

◀7　前掲書，p.23。

◀8　鈴木昌世『イタリアの幼児教育思想──アガッツィ思想にみる母性・道徳・平和』福村出版，2012，p.152。

209

どもに教え込むことに熱心すぎて，あらゆるものを与えることが大切と勘違いしてしまう。でも，本当の子どもの望みは，自分が困った時，迷った時，寂しい時に心も体も温めてくれる，いわば，安心できる大人の存在が自分のすぐ近くに在ることではないだろうか。

　まえがきで紹介した佐藤初女氏は，青森・岩木山の麓で「森のイスキア」を主宰しておられた。彼女に会いたいと，全国から森のイスキアへの訪問者が続いた。そして，日本の各地で開かれた講習会や講演会は，数えきれないほどのボランティアに支えられながら，どの地においても，たちまち満席になっていた。彼女は，1人ひとりの話を心込めて耳を傾け，1人ひとりに真心を寄せ，1人ひとりに季節を感じられる料理を作り，もてなしてきた。彼女は，毎朝4時には起きて誰かのために料理を作っていたという。

　実際に佐藤初女氏の講習会に足を運んでみて分かったことは，いかに現代の日本人が，無条件に受容されるという体験に飢えているかということである。講習会ではいつも分かち合いの時間がある。その時間は参加者の質問や感想が読まれ，参加者全員でそれを共有し，佐藤氏はそれを静かに読みあげ彼女なりの応答をする。家族の悩み，職場での悩み，将来への不安，孤独との戦い，使命感の喪失……といった現代人の持つ深刻な悩み。世の中誰しも，苦しみを持っているのだと，参加者はみな心底，安堵する。一方，質問に対する佐藤初女氏の応答はいつも一貫性があり，至ってシンプル。大切なことは多くないのだ。他者に心を寄せればよいのだ。他者のために動けばよいのだと，参加者はほっと胸をなでおろす。以下に佐藤氏の回答 ➡9 を紹介しよう。

➡9　佐藤初女・イスキアの集いin 和歌山，〜いまを生きる〜, 2014（平成26）年2月8日，於カトリック屋形町教会。

　まず苦しみに向き合うこと，そしてそれを受け入れ苦しみから逃げないこと。
　生きることは，人の役に立つように動くこと。頭だけで考えていては，解決しない。

終章　Eternal Beauty

　他者のお役にたてるように，まず体を動かすこと。

　あなたのために働く。それが自身の真の喜びに繋がる。

　一番大切なのは，いま，を生きること。未来を憂えるよりもまず体を動かしてみる。

　希望は求めても訪れない。いまを精一杯生きていれば希望は自然に生まれてくる。

　元気の源は食べること。食を大切にする。

　心をこめて誰かのために，季節の新鮮な食材を料理する。そして，共に食べる。

　彼女の著作に胸打たれ，彼女の人柄に心惹かれ，全国から集まる老若男女。集まる人々はみな，人を癒すのは母の心なのだと悟っていたのである。人はみな，1人では生きられない。そして人はみな，誰かに受け入れられたいし，承認してほしいし，心を分かってほしいと願う存在である。その願いをかなえるのが，温かな母の心。

　母の心を感じる体験とは，無条件で受容される体験である。それは，「あなたがあなたであるから，すばらしい」と心から言ってもらえること，「あなたの存在自体が私のいきがい」と言われながら育つこと，養育者の愛を自覚できる体験が，養育される者の心を充たしていく。たくさんのものを買ってもらったり，高い教育を受けさせてもらったりすることというよりは，むしろ，心を向けてもらった，寄り添ってもらった，黙って話をきいてくれた，信じてくれた，待っていてくれた，といった目には見えないが，確実にこの世に存在する絆。

　子どもは，偽りなく，正直に，そして素直な，真実な心で大人に接してほしいのである。子どもの望みを受容しながら，私たち大人は子どもに生きる姿を見せればよい。一番大切なのは，何を子どもに教えるかではなく，1人の大人として，いかに生きるか，なのである。

211

Eternal beauty ——朽ちることのない美とは，多様なものが調和して，この地球で，共に手を取り合って生きること。子どもの望みに応える教師になろう。そして，Diversity ——多様性を尊重する教師になろう。未来を創りだす子どもたちのために。

索　引

■数　字

5領域　9, 10, 28, 29, 31, 34, 89, 155
6領域　9, 10, 27, 28
10の姿　33, 35, 49
　→「幼児期の終わりまでに育ってほしい姿」も参照

■アルファベット

ADHD（注意欠陥／多動性障害）　176-178, 180
care　89, 91
LD（学習障害）　176-178, 180
OECD　32, 33
PDCAサイクル　82, 84
SST　→ソーシャル・スキル・トレーニング

■あ　行

愛着関係　52, 104-106, 168
預かり保育　96, 137, 148, 167, 168
アスペルガー症候群　179
遊び　46, 56, 79, 80, 107, 108, 114, 118, 120, 122, 123, 159
遊びの多様化　121
遊びの本質　123
遊びを展開する技術　141
遊びを通しての指導　114
アタッチメント　→愛着関係
安全　103, 158
生きる力の基礎　30
育児放棄　136
遺伝　37, 38
異年齢　57, 105, 120
いのちの繋がり　198
イメージ　63, 65, 67
インクルーシブ保育　128
延長保育　139, 165, 167

■か　行

カウンセリング　150

科学する心　110
科学的思考　110-113
核家族世帯　136
学習　38, 41
学習障害　→LD
学校教育法　7, 11, 25, 31, 89, 137
簡易幼稚園　23
感覚異常　179
環境　11, 101, 103, 104, 108
環境構成　99, 103, 104, 108
環境構成の技術　141
環境との相互作用　102, 103
環境を通しての保育　101
関係構築の技術　141
カンファレンス　85
気になる子　178, 190
休日保育　139
教育　88, 89, 92, 133, 134
教育基本法　25, 31, 124
教育的意義　61, 63
共感　122, 139
協同する経験　55, 134
協同性　56
協同性の育ち　119
協同的な遊び　119, 120
血縁　143, 146
好奇心　111, 112, 118
高機能自閉症　176, 177, 179, 180
行動見本の提示　141
広汎性発達障害　177
公民館　144, 148
個性を認める　71
子育てサークル　145, 148
子育てサロン　145, 148
子育て支援　130, 137, 148, 150, 163
子育て支援コーディネーター　145
こだわり　179, 188
個と集団　50, 51, 58-60, 107
子どもの権利条約　→児童の権利に関する条約

214

索　引

子どもの主体性　102, 103, 109
子ども理解　86, 107
個の確立　59, 61
孤立　136, 144, 147
コルチャック（Korczak, J.）　192, 193
個を尊重する集団生活　72

■さ　行

里親　149
三世代同居　136, 172
自我の育ち　59
自己決定の尊重　139
自己肯定感　52, 57
自己主張　59, 63, 65
自己調整　120
自己抑制　59, 63, 64, 120
支持　141
資質・能力　33, 34, 48
自然環境　112, 131
児童委員　146
児童家庭支援センター　144, 150
児童虐待の防止等に関する法律　151
児童相談所　144, 149, 151
児童の権利に関する条約（Convention on the Rights
　of the Child）　8, 116, 192-194
児童福祉法　13, 26
社会資源　144, 148, 149, 154
社会情動的スキル　32, 41
社会的能力　69
自由遊び　29, 30
重要な他者　59, 60, 65, 68
主体的な活動　46, 105
主体的な活動としての遊び　29, 118
受容　139
小1プロブレム　148
少子化　28, 30, 120
情緒の安定　45, 88, 89, 91, 94, 95, 97
承認　141
情報提供　141, 145
ショートステイ　→短期支援事業
助言　141
シラー（von Schiller, J. C. F.）　114
心情・意欲・態度　29, 33, 101
身体的虐待　136, 147

人的環境　11, 16, 102, 105, 106
心理的環境　103
心理的虐待　147
人類の生存　199
生活援助の技術　141
成熟　37, 38
成長　36
性的虐待　147
生命の保持　45, 88, 89, 91, 94, 97
世界市民　122
総合的な指導　118
ソーシャル・スキル・トレーニング　68

■た　行

体験　210, 211
体験の提供　141
短期支援事業　150
探究心　111, 112, 118
地域　131, 143-145, 148, 154
地域子育て支援拠点事業　145, 146, 148
地縁　143
知的障害　177
注意欠陥／多動性障害　→ ADHD
長時間保育　104, 165, 167-169, 171, 172
特別な支援を必要とする子ども　35, 176, 178
友だち　56, 57, 59, 104, 107-109, 112, 120
トレランス（tolerance）　195-197

■な　行

内容　29, 46, 47, 49, 63, 155
乳児の全戸訪問事業　146
乳幼児の「教育」　97
認定こども園　18, 31, 97
ヌスバウム（Nussbaum, M. C.）　122
ネグレクト（放置）　147
ねらい　29, 30, 46, 47, 49, 155

■は　行

発達　36-38, 40
発達援助の技術　141
発達障害　149, 177, 190
発達の課題　42, 107
発達の過程　39, 42, 43, 58, 128, 129
発達の最近接領域　32, 39, 133, 134

215

発達の特性　40, 42, 44, 45, 53, 101
ひとり親世帯　136, 165
非認知的能力　32, 41
病後児に対する保育　139
平塚らいてう　200, 203
ファミリー・サポート・センター　145, 150
物的環境　11, 16, 102, 180
物理的環境の構成　141
フレーベル（Fröbel, F. W. A.）　23, 24, 115
雰囲気づくり　69
保育　26, 89
保育教諭　18
保育者の役割　29, 102
保育所　26
保育所の法制化　26
保育所の役割　138
保育所保育指針　9, 10, 13, 14, 16, 20, 124, 138, 155
保育内容　7, 22, 27
保育要領　25, 26, 40
ホイジンガ（Huizinga, J.）　115
ボウルビィ（Bowlby, J.）　201, 202
保健所　144, 150

保健センター　144, 150, 151
母性的なかかわり　45, 199, 201, 203, 204
母性的養育の欠如　202-204

■ま　行

未来への責任　197, 198
魅力ある環境　102, 103, 105, 112
民生委員　146

■や　行

養護　45, 88-91, 94, 97, 133
養護と教育の一体的展開　88-90, 97-100, 156, 159
養護と教育の関連性　92
幼児期にふさわしい生活　29
幼児期の終わりまでに育ってほしい姿　34, 40, 49, 55, 138
幼稚園教育要領　9-12, 19, 26-28, 124, 137
幼稚園保育及設備規程　24
幼稚園令　24, 25
幼保小連携・接続　33
幼保連携型認定こども園教育・保育要領　9, 17-20

編　者

佐藤　哲也　　宮城教育大学

執筆者〈執筆順〉

渡辺　一弘　（1章）島根県立大学短期大学部

佐藤　哲也　（2章）編者

石田　貴子　（3章）大阪成蹊大学

布村　志保　（4章①②）頌栄短期大学

赤木　公子　（4章③④）梅花女子大学

片岡　元子　（5章）香川大学

米野　吉則　（6章）兵庫大学

和田　真由美　（7章）姫路大学

米川　泉子　（8章）金沢学院大学

高畑　芳美　（9章）梅花女子大学

梅野　和人　（10章）四天王寺大学短期大学部

佐野　友恵　（11章）武庫川女子大学

廣　陽子　（12章）関西福祉大学

小坂　徹　（13章）郡山健康科学専門学校

井藤　元　（14章①②）東京理科大学

髙宮　正貴　（14章③④）大阪体育大学

鈴木　昌世　（終章）元大阪成蹊大学教授（編者が加筆修正）

子どもの心によりそう

保育内容総論〔改訂版〕

2018 年 3 月 30 日　初版第 1 刷発行
2023 年 3 月 10 日　　　第 3 刷発行

編　者　佐　藤　哲　也

発行者　宮　下　基　幸

発行所　福村出版株式会社

〒113-0034　東京都文京区湯島2-14-11
電話　03-5812-9702　FAX　03-5812-9705
https://www.fukumura.co.jp

印刷　株式会社文化カラー印刷
製本　協栄製本株式会社

©Tetsuya Sato 2018
Printed in Japan
ISBN978-4-571-11607-0 C3337
定価はカバーに表示してあります。
乱丁・落丁本はお取替えいたします。

福村出版◆好評図書

佐藤哲也 編
子どもの心によりそう

保 育 原 理〔改訂版〕

◎2,100円　　　ISBN978-4-571-11606-3　C3337

子どもの置かれている現状を理解し，子どもたちの健やかな成長と豊かな未来へつながる保育の本質を考える。

佐藤哲也 編
子どもの心によりそう

保 育 者 論〔改訂版〕

◎2,100円　　　ISBN978-4-571-11608-7　C3337

子どもを全面的に受容しつつ，その成長と自立を促すにはどうすべきか。保育者に不可欠な技術と哲学を解説。

佐藤哲也 編
子どもの心によりそう

保育・教育課程論〔改訂版〕

◎2,100円　　　ISBN978-4-571-11609-4　C3337

子どもの今と未来の姿を見据え，子どもの主体性を尊重した保育計画の編成を豊富な事例を通して学ぶ。

中村 恵・水田聖一・生田貞子 編著
新・保育実践を支える

保 育 内 容 総 論

◎2,100円　　　ISBN978-4-571-11611-7　C3337

子どもの発達段階を踏まえた質の高い保育内容と保育実践のあり方を，総論的な観点から平易に説く入門書。

吉田貴子・水田聖一・生田貞子 編著
新・保育実践を支える

保 育 の 原 理

◎2,100円　　　ISBN978-4-571-11610-0　C3337

子どもをとりまく環境の変化に対応し，保護者に寄り添う保育を学ぶ。保育学の全貌をつかむのに最適な入門書。

吉田 淳・横井一之 編著
新・保育実践を支える

環 境

◎2,100円　　　ISBN978-4-571-11614-8　C3337

子ども達の適応力・情操・育つ力を引き出す環境の作り方を多角的に解説。図版と写真が豊富で分かりやすい。

横井志保・奥 美佐子 編著
新・保育実践を支える

表 現

◎2,100円　　　ISBN978-4-571-11616-2　C3337

子どもが見せる様々な表現の本質と，それを受け止める保育者にとって有益な情報を実践的な研究に基づき解説。

◎価格は本体価格です。